Spiral to Infinity Steve Allen

"Fractal images are often made up of small images-within-images, constantly repeating and going smaller and smaller." – **Steve Allen**

Manual de matemáticas para el estudiante

Investigations

IN NUMBER, DATA, AND SPACE®

en español

Oficinas editoriales: Glenview, Illinois • Parsippany, Nueva Jersey • Nueva York, Nueva York
Oficinas de ventas: Boston, Massachusetts • Duluth, Georgia
Glenview, Illinois • Coppell, Texas • Sacramento, California • Mesa, Arizona

The Investigations curriculum was developed by TERC, Cambridge, MA.

This material is based on work supported by the National Science Foundation ("NSF") under Grant No.ESI-0095450. Any opinions, findings, and conclusions or recommendations expressed in this material are those of the author(s) and do not necessarily reflect the views of the National Science Foundation.

ISBN: 0-328-29474-8

ISBN: 978-0-328-29474-9

3 4 5 6 7 8 9 10-V057-15 14 13 12 11 10 09 08
CC:N2

Palabras e ideas de matemáticas

Números y operaciones

Patrones y funciones

Datos y probabilidad

Geometría

Medidas

Juegos

El ***Manual de matemáticas para el estudiante*** es un libro de referencia. Tiene dos secciones.

Palabras e ideas de matemáticas

Estas páginas ilustran palabras e ideas de matemáticas importantes que has estado aprendiendo en la clase de matemáticas. Puedes usar estas páginas para pensar en o repasar un tema de matemáticas. Se identifican términos importantes y se proveen problemas relacionados.

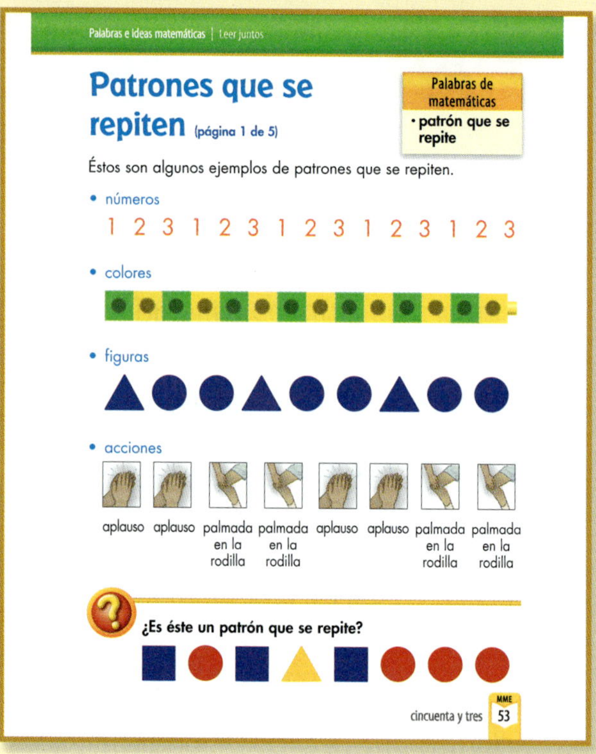

Palabras e ideas matemáticas | Leer juntos

Patrones que se repiten (página 1 de 5)

Palabras de matemáticas
- **patrón que se repite**

Éstos son algunos ejemplos de patrones que se repiten.

- números

1 2 3 1 2 3 1 2 3 1 2 3 1 2 3

- colores
- figuras
- acciones

aplauso aplauso palmada en la rodilla palmada en la rodilla aplauso aplauso palmada en la rodilla palmada en la rodilla

¿Es éste un patrón que se repite?

cincuenta y tres MME 53

▲ Manual de matemáticas para el estudiante, pág. 53

Juegos

Puedes usar las páginas de juegos para estudiar las reglas de los juegos durante la clase o en casa. También hay una lista de los materiales y hojas de anotaciones que se necesitan para jugar a cada juego.

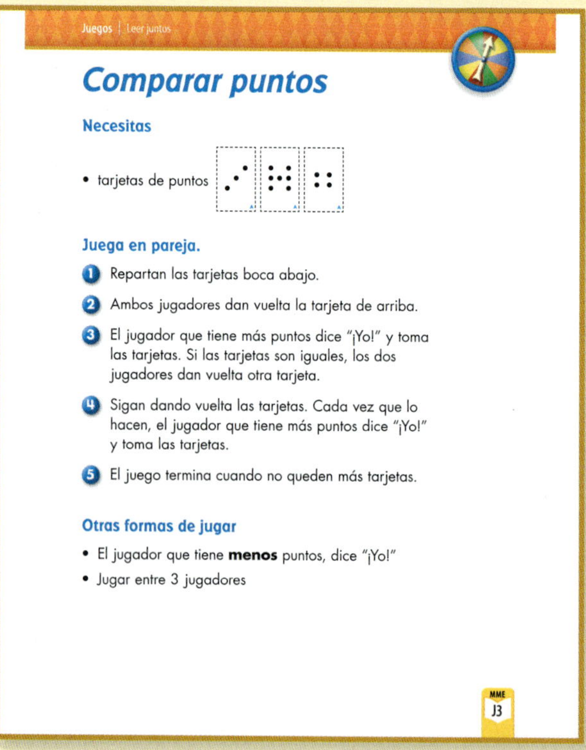

Juegos | Leer juntos

Comparar puntos

Necesitas
- tarjetas de puntos

Juega en pareja.

1. Repartan las tarjetas boca abajo.
2. Ambos jugadores dan vuelta la tarjeta de arriba.
3. El jugador que tiene más puntos dice "¡Yo!" y toma las tarjetas. Si las tarjetas son iguales, los dos jugadores dan vuelta otra tarjeta.
4. Sigan dando vuelta las tarjetas. Cada vez que lo hacen, el jugador que tiene más puntos dice "¡Yo!" y toma las tarjetas.
5. El juego termina cuando no queden más tarjetas.

Otras formas de jugar
- El jugador que tiene **menos** puntos, dice "¡Yo!"
- Jugar entre 3 jugadores

MME J3

▲ Manual de matemáticas para el estudiante, pág. J3

Las páginas de **Práctica diaria** y de **Tarea** incluyen páginas útiles del *Manual de matemáticas para el estudiante* (MME).

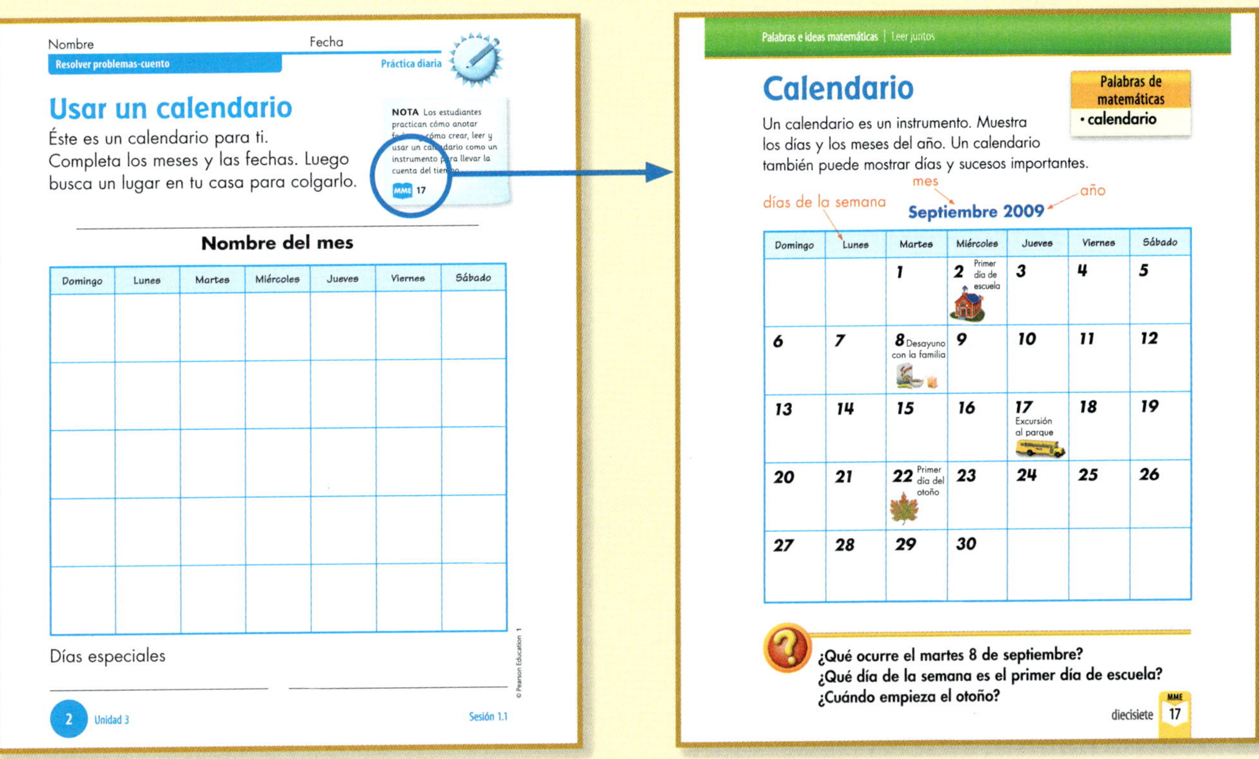

Nombre Fecha

Resolver problemas-cuento — Práctica diaria

Usar un calendario

Éste es un calendario para ti.
Completa los meses y las fechas. Luego busca un lugar en tu casa para colgarlo.

NOTA Los estudiantes practican cómo anotar fechas, cómo crear, leer y usar un calendario como un instrumento para llevar la cuenta del tiempo. MME 17

Nombre del mes

Domingo	Lunes	Martes	Miércoles	Jueves	Viernes	Sábado

Días especiales

© Pearson Education 1

2 Unidad 3 — Sesión 1.1

Palabras e ideas matemáticas | Leer juntos

Calendario

Palabras de matemáticas
• calendario

Un calendario es un instrumento. Muestra los días y los meses del año. Un calendario también puede mostrar días y sucesos importantes.

días de la semana — mes — año

Septiembre 2009

Domingo	Lunes	Martes	Miércoles	Jueves	Viernes	Sábado
		1	2 Primer día de escuela	3	4	5
6	7	8 Desayuno con la familia	9	10	11	12
13	14	15	16	17 Excursión al parque	18	19
20	21	22 Primer día del otoño	23	24	25	26
27	28	29	30			

¿Qué ocurre el martes 8 de septiembre?
¿Qué día de la semana es el primer día de escuela?
¿Cuándo empieza el otoño?

diecisiete MME 17

▲ **Cuaderno de actividades, Unidad 3, pág. 2** ▲ **Manual de matemáticas para el estudiante, pág. 17**

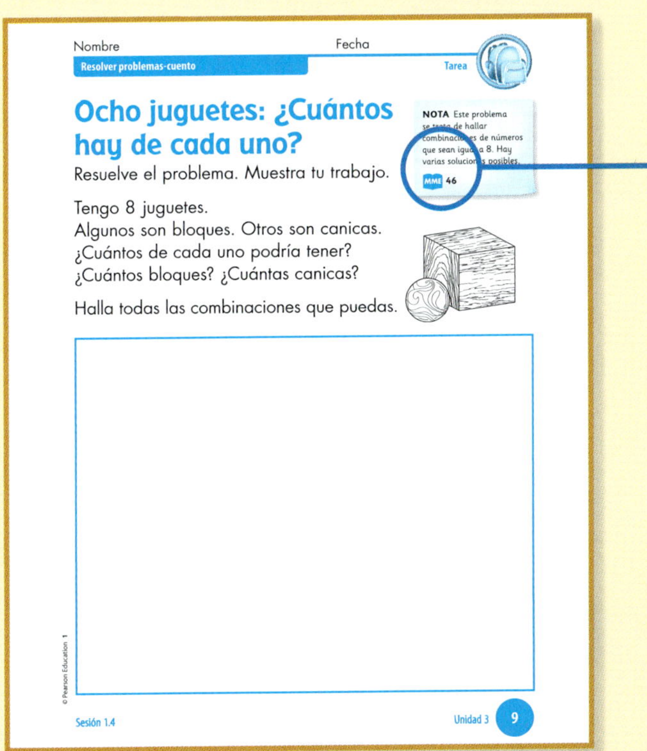

Nombre Fecha

Resolver problemas-cuento — Tarea

Ocho juguetes: ¿Cuántos hay de cada uno?

Resuelve el problema. Muestra tu trabajo.

NOTA Este problema se trata de hallar combinaciones de números que sean iguales a 8. Hay varias soluciones posibles. MME 46

Tengo 8 juguetes.
Algunos son bloques. Otros son canicas.
¿Cuántos de cada uno podría tener?
¿Cuántos bloques? ¿Cuántas canicas?

Halla todas las combinaciones que puedas.

© Pearson Education 1

Sesión 1.4 — Unidad 3 9

▲ **Cuaderno de actividades, Unidad 3, pág. 9**

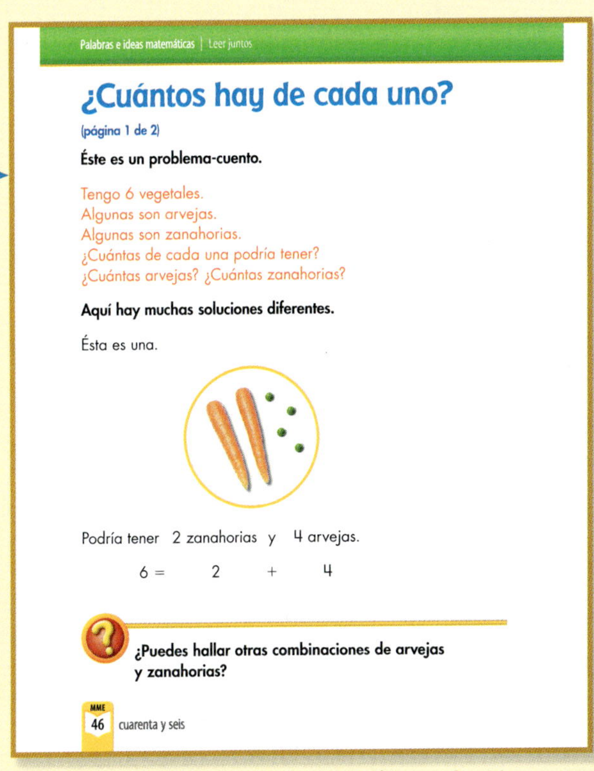

Palabras e ideas matemáticas | Leer juntos

¿Cuántos hay de cada uno?

(página 1 de 2)

Éste es un problema-cuento.

Tengo 6 vegetales.
Algunas son arvejas.
Algunas son zanahorias.
¿Cuántas de cada una podría tener?
¿Cuántas arvejas? ¿Cuántas zanahorias?

Aquí hay muchas soluciones diferentes.

Ésta es una.

Podría tener 2 zanahorias y 4 arvejas.

6 = 2 + 4

¿Puedes hallar otras combinaciones de arvejas y zanahorias?

MME 46 cuarenta y seis

▲ **Manual de matemáticas para el estudiante, pág. 46**

Números

0	cero	
1	uno	
2	dos	
3	tres	
4	cuatro	
5	cinco	
6	seis	
7	siete	
8	ocho	
9	nueve	

10	diez	
11	once	10 + 
12	doce	10 + 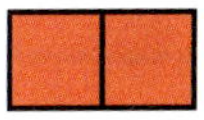
13	trece	10 + 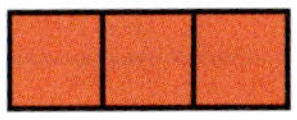
14	catorce	10 + 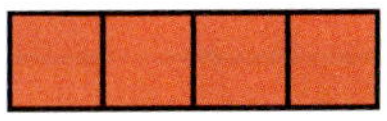
15	quince	10 + 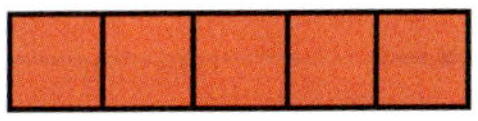
16	dieciséis	10 + 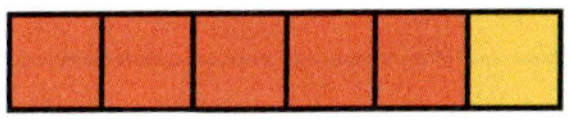
17	diecisiete	10 + 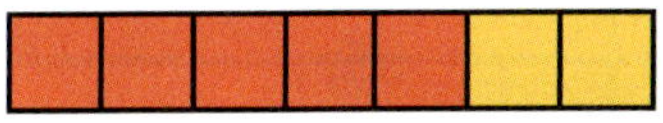
18	dieciocho	10 + 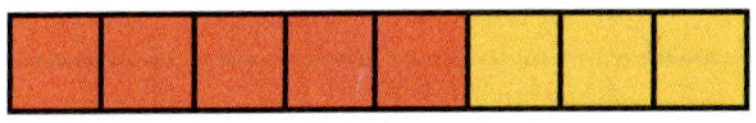
19	diecinueve	10 + 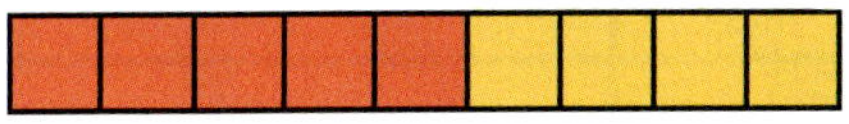

20	veinte	
21	veintiuno	20 +
22	veintidós	20 +
23	veintitrés	20 +
24	veinticuatro	20 +
25	veinticinco	20 +
26	veintiséis	20 +
27	veintisiete	20 +
28	veintiocho	20 +
29	veintinueve	20 +

30	treinta	
31	treinta y uno	30 + 
32	treinta y dos	30 + 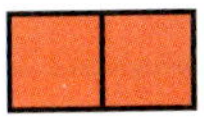
33	treinta y tres	30 + 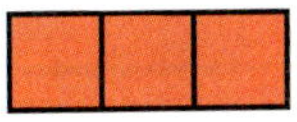
34	treinta y cuatro	30 + 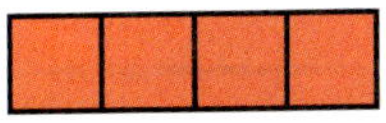
35	treinta y cinco	30 + 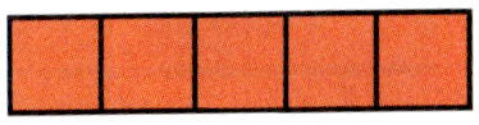
36	treinta y seis	30 + 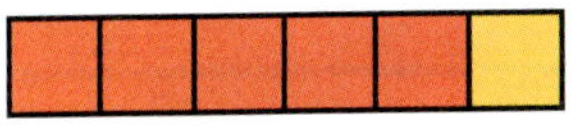
37	treinta y siete	30 + 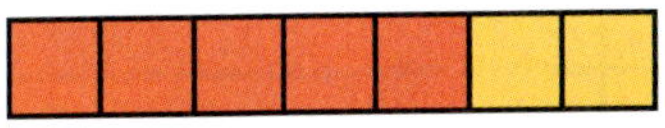
38	treinta y ocho	30 + 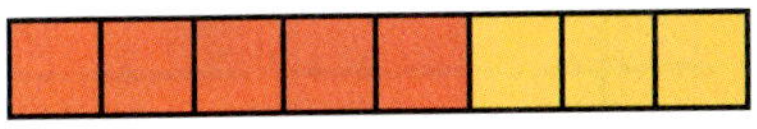
39	treinta y nueve	30 + 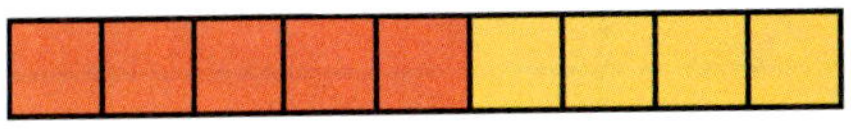

40	cuarenta	
41	cuarenta y uno	40 +
42	cuarenta y dos	40 +
43	cuarenta y tres	40 +
44	cuarenta y cuatro	40 +
45	cuarenta y cinco	40 +
46	cuarenta y seis	40 +
47	cuarenta y siete	40 +
48	cuarenta y ocho	40 +
49	cuarenta y nueve	40 +

50	cincuenta	
51	cincuenta y uno	50 + 
52	cincuenta y dos	50 + 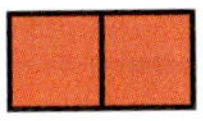
53	cincuenta y tres	50 + 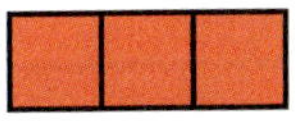
54	cincuenta y cuatro	50 + 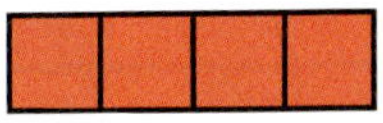
55	cincuenta y cinco	50 + 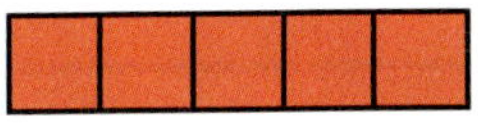
56	cincuenta y seis	50 + 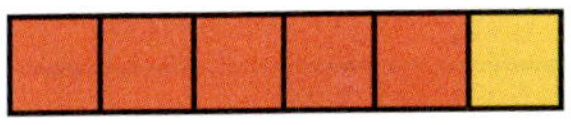
57	cincuenta y siete	50 + 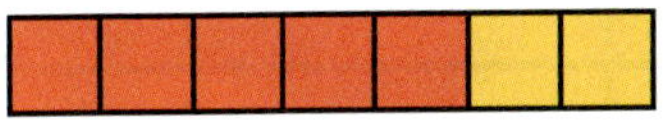
58	cincuenta y ocho	50 + 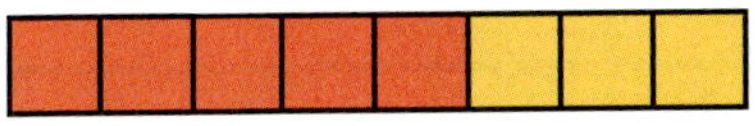
59	cincuenta y nueve	50 + 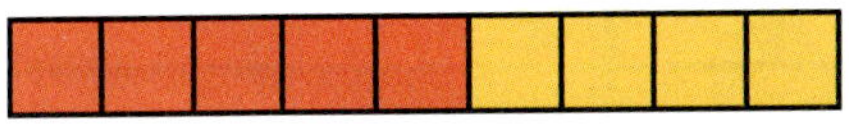

60	sesenta	
61	sesenta y uno	60 +
62	sesenta y dos	60 +
63	sesenta y tres	60 +
64	sesenta y cuatro	60 +
65	sesenta y cinco	60 +
66	sesenta y seis	60 +
67	sesenta y siete	60 +
68	sesenta y ocho	60 +
69	sesenta y nueve	60 +

70	setenta	
71	setenta y uno	70 +
72	setenta y dos	70 +
73	setenta y tres	70 +
74	setenta y cuatro	70 +
75	setenta y cinco	70 +
76	setenta y seis	70 +
77	setenta y siete	70 +
78	setenta y ocho	70 +
79	setenta y nueve	70 +

80	ochenta	
81	ochenta y uno	80 + 
82	ochenta y dos	80 + 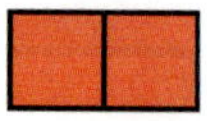
83	ochenta y tres	80 + 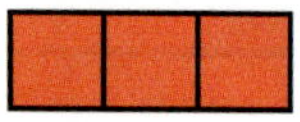
84	ochenta y cuatro	80 + 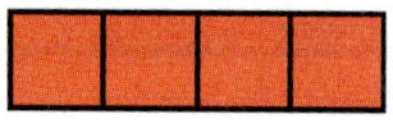
85	ochenta y cinco	80 + 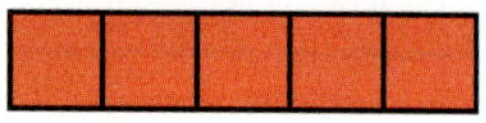
86	ochenta y seis	80 + 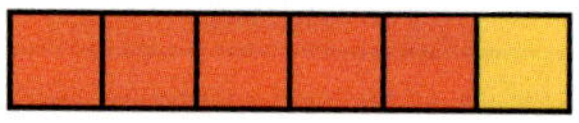
87	ochenta y siete	80 + 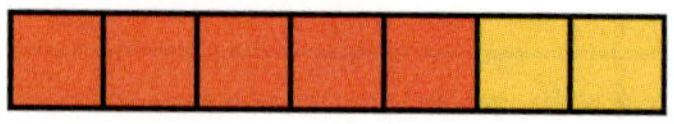
88	ochenta y ocho	80 + 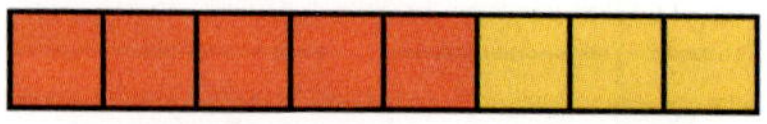
89	ochenta y nueve	80 + 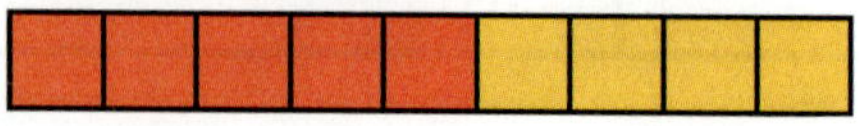

90	noventa	
91	noventa y uno	90 + 
92	noventa y dos	90 + 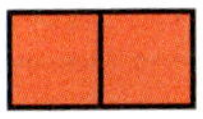
93	noventa y tres	90 + 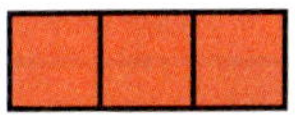
94	noventa y cuatro	90 + 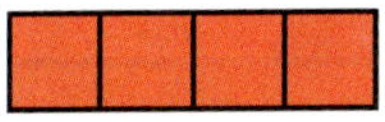
95	noventa y cinco	90 + 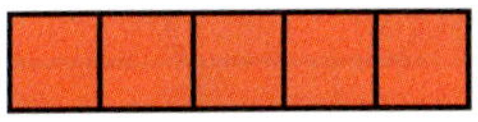
96	noventa y seis	90 + 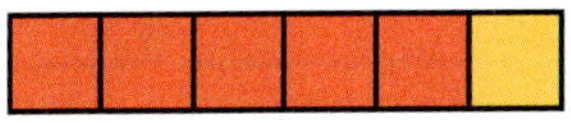
97	noventa y siete	90 + 
98	noventa y ocho	90 + 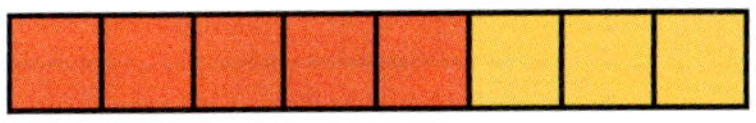
99	noventa y nueve	90 + 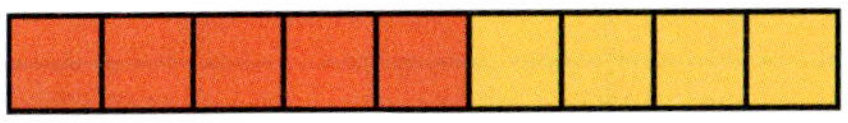

100	cien	
101	ciento uno	100 +
102	ciento dos	100 +
103	ciento tres	100 +
104	ciento cuatro	100 +
105	ciento cinco	100 +
106	ciento seis	100 +
107	ciento siete	100 +
108	ciento ocho	100 +
109	ciento nueve	100 +

Calendario

Palabras de matemáticas
- **calendario**

Un calendario es un instrumento. Muestra los días y los meses del año. Un calendario también puede mostrar días y sucesos importantes.

días de la semana — mes — año

Septiembre 2009

Domingo	Lunes	Martes	Miércoles	Jueves	Viernes	Sábado
		1	2 Primer día de escuela	3	4	5
6	7	8 Desayuno con la familia	9	10	11	12
13	14	15	16	17 Excursión al parque	18	19
20	21	22 Primer día del otoño	23	24	25	26
27	28	29	30			

¿Qué ocurre el martes 8 de septiembre?
¿Qué día de la semana es el primer día de escuela?
¿Cuándo empieza el otoño?

Calendario: Los días de la semana

Palabras de matemáticas
- **días**
- **semana**
- **horas**

En una semana hay 7 días.

Domingo	Lunes	Martes	Miércoles	Jueves	Viernes	Sábado

¿Qué día está antes del miércoles?
¿Qué día está después del viernes?

En un día hay 24 horas.

Un día es el tiempo que pasa entre la hora de irse a dormir hoy y la hora de irse a dormir mañana.

Un día dura desde el amanecer hasta el otro amanecer.

¿Qué día es hoy? ¿Qué día será mañana?
¿Qué día fue ayer?

Calendario: los meses del año

Palabras de matemáticas
- **mes**
- **año**

En un año hay 12 meses.
Este calendario muestra los 12 meses de 2009.

Enero

D	L	M	Mi	J	V	S
				1	2	3
4	5	6	7	8	9	10
11	12	13	14	15	16	17
18	19	20	21	22	23	24
25	26	27	28	29	30	31

Febrero

D	L	M	Mi	J	V	S
1	2	3	4	5	6	7
8	9	10	11	12	13	14
15	16	17	18	19	20	21
22	23	24	25	26	27	28

Marzo

D	L	M	Mi	J	V	S
1	2	3	4	5	6	7
8	9	10	11	12	13	14
15	16	17	18	19	20	21
20	23	24	25	26	27	28
29	30	31				

Abril

D	L	M	Mi	J	V	S
			1	2	3	4
5	6	7	8	9	10	11
12	13	14	15	16	17	18
19	20	21	22	23	24	25
26	27	28	29	30		

Mayo

D	L	M	Mi	J	V	S
					1	2
3	4	5	6	7	8	9
10	11	12	13	14	15	16
17	18	19	20	21	22	23
24	25	26	27	28	29	30
31						

Junio

D	L	M	Mi	J	V	S
	1	2	3	4	5	6
7	8	9	10	11	12	13
14	15	16	17	18	19	20
21	22	23	24	25	26	27
28	29	30				

Julio

D	L	M	Mi	J	V	S
			1	2	3	4
5	6	7	8	9	10	11
12	13	14	15	16	17	18
19	20	21	22	23	24	25
26	27	28	29	30	31	

Agosto

D	L	M	Mi	J	V	S
						1
2	3	4	5	6	7	8
9	10	11	12	13	14	15
16	17	18	19	20	21	22
23	24	25	26	27	28	29
30	31					

Septiembre

D	L	M	Mi	J	V	S
		1	2	3	4	5
6	7	8	9	10	11	12
13	14	15	16	17	18	19
20	21	22	23	24	25	26
27	28	29	30			

Octubre

D	L	M	Mi	J	V	S
				1	2	3
4	5	6	7	8	9	10
11	12	13	14	15	16	17
18	19	20	21	22	23	24
25	26	27	28	29	30	31

Noviembre

D	L	M	Mi	J	V	S
1	2	3	4	5	6	7
8	9	10	11	12	13	14
15	16	17	18	19	20	21
22	23	24	25	26	27	28
29	30					

Diciembre

D	L	M	Mi	J	V	S
		1	2	3	4	5
6	7	8	9	10	11	12
13	14	15	16	17	18	19
20	21	22	23	24	25	26
27	28	29	30	31		

Algunos meses tienen 30 días. Algunos meses tienen 31 días. Febrero tiene 28 días. Cada 4 años, febrero tiene 29 días. Ese año se llama *año bisiesto.*

¿Qué mes está después de abril?
¿Qué mes está antes de octubre?
Busca un mes con 30 días.

Monedas

Estas monedas se usan en los Estados Unidos.
Cada moneda tiene un nombre y un valor.

Monedas	Nombre	Valor
	moneda de 1¢	1¢ 1 centavo
	moneda de 5¢	5¢ 5 centavos
	moneda de 10¢	10¢ 10 centavos
	moneda de 25¢	25¢ 25 centavos
	moneda de 50¢	50¢ 50 centavos

¿Las monedas más grandes siempre valen más?

Contar (página 1 de 3)

Contamos para averiguar cuántos hay.
¿Cuántos bloques hay? Cuenta para averiguarlo.

Hay 5 bloques.

En la escuela contamos:

- días en el calendario
- personas

ENERO						
D	L	M	Mi	J	V	S
				1	2	3
4	5	6	7	8	9	10
11	12	13	14	15	16	17
18	19	20	21	22	23	24
25	26	27	28	29	30	31

- en la recta numérica

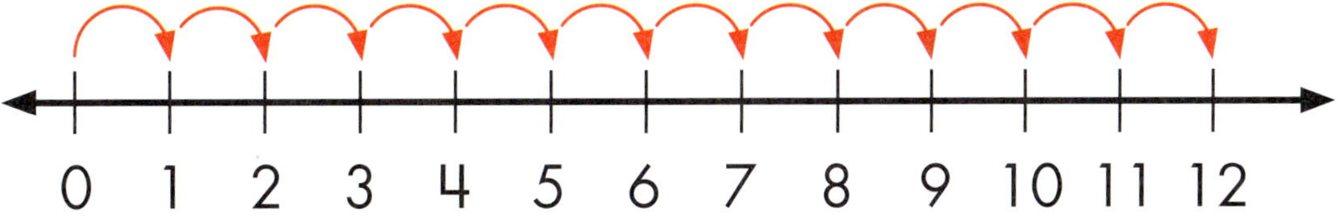

¿Cuándo cuentas?
¿Qué te gusta contar?

Contar (página 2 de 3)

Palabras de matemáticas
- **total**

Cuando cuentas dices un número por cada objeto. Tienes que llevar la cuenta de lo que estás contando. El último número que dices es el total. El total te indica cuántos hay en el grupo.

Observa cómo cuentan algunos niños.

Sam toca cada botón mientras lo cuenta.

Rosa pone cada botón en el vaso mientras lo cuenta.

Kim ordena los botones en una fila para contarlos.

Max los pone en grupos de 2 para comprobar de nuevo.

¿Qué haces cuándo cuentas?

Contar (página 3 de 3)

Observa estas monedas de 1¢.
Están mezcladas.
Es difícil contarlas.

Éstas son algunas maneras diferentes de organizar monedas de 1¢ para que sea más fácil contarlas.

¿Qué grupo de monedas de 1¢ te resulta más fácil contar?

Contar por grupos (página 1 de 2)

Si cuentas por grupos puedes contar más rápidamente. Cada vez que dices un número, agregas otro grupo. Cada grupo debe tener el mismo número de objetos.

Cada mano tiene 5 dedos. Puedes contar de 5 en 5 para hallar el número total de dedos. Cuando cuentas de 5 en 5, dices cada quinto número.

Contar dedos de 5 en 5

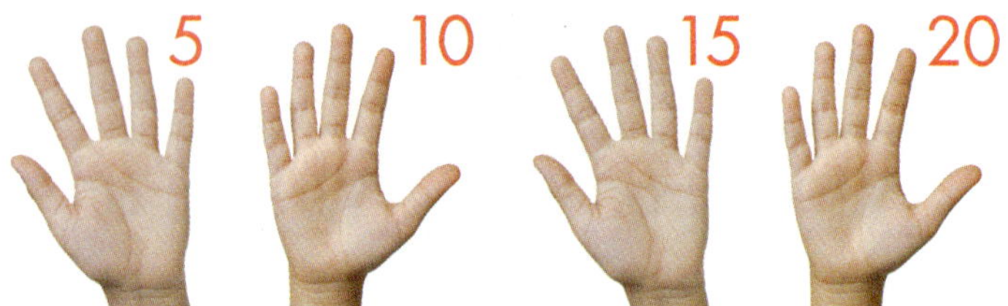

Contar zapatos de 2 en 2

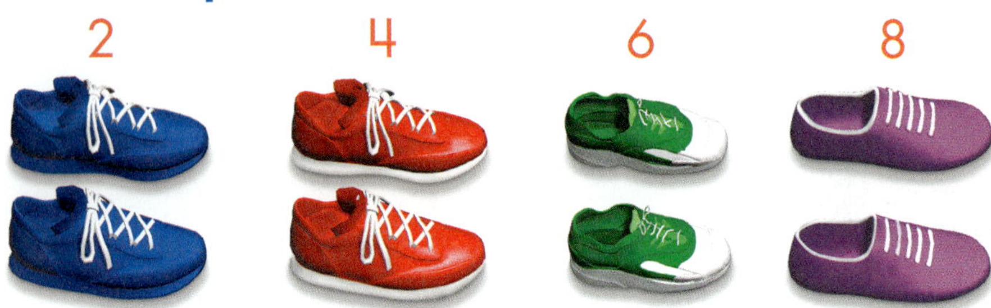

Contar dedos de los pies de 10 en 10

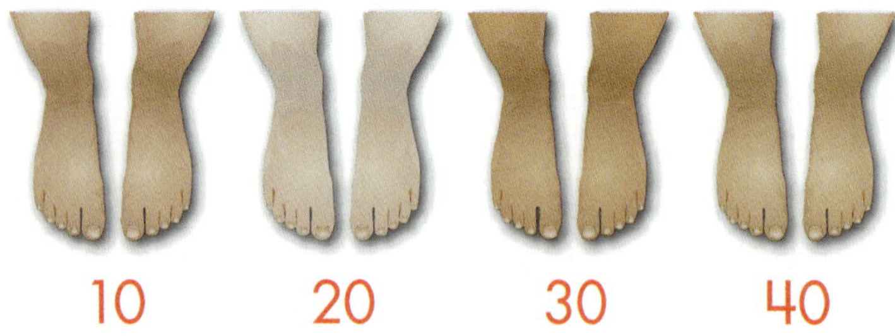

¿Cuántos ojos tienen 10 personas en total?

Contar por grupos (página 2 de 2)

Aquí hay 23 monedas de 1¢.

Puedes contar las monedas de 1¢ de diferentes maneras.

Contar de 2 en 2

2 4 6 8 10 12 14 16 18 20 22 23

Contar de 5 en 5

5 10 15 20 23

Contar de 10 en 10

10 20 23

¿De cuántas maneras diferentes puedes contar 18 monedas de 1¢?

Recta numérica

Una recta numérica es un instrumento. Muestra números en orden.

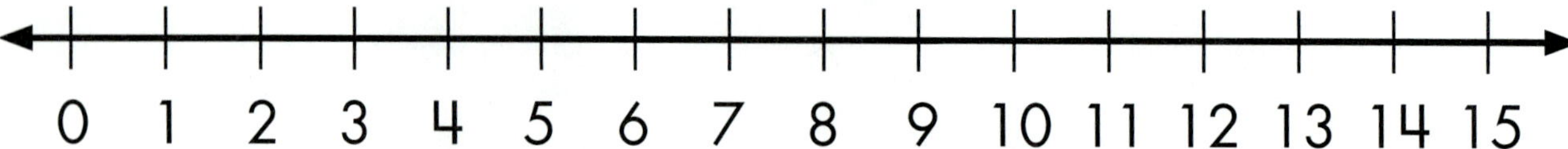

Puedes usarla para contar hacia adelante o hacia atrás.

1, 2, 3, 4, 5, 6.

Cuando contamos hacia adelante, los números aumentan.

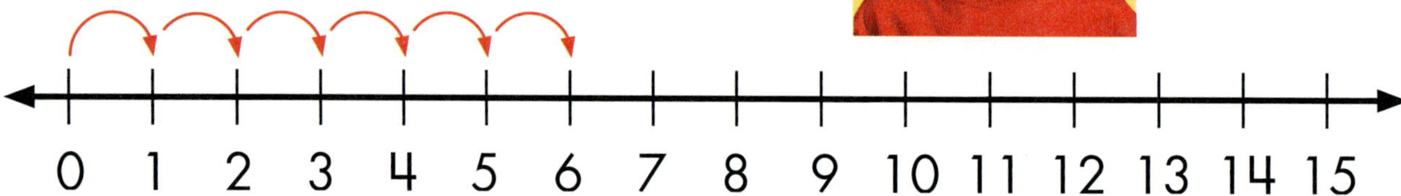

5, 4, 3, 2, 1, 0.

Cuando contamos hacia atrás, los números disminuyen.

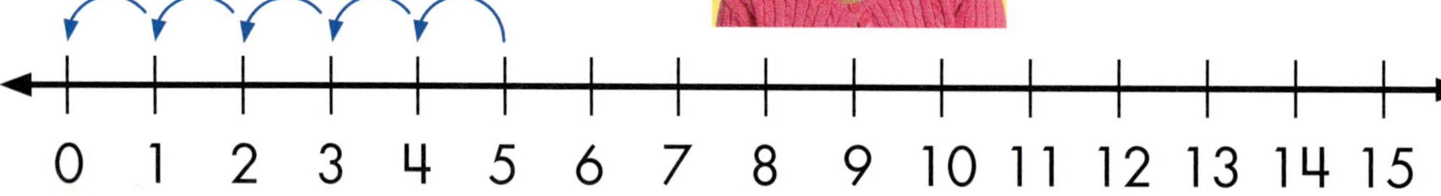

Empieza en el 0 y cuenta hasta el 15.
Empieza en el 12 y cuenta hasta el 0.

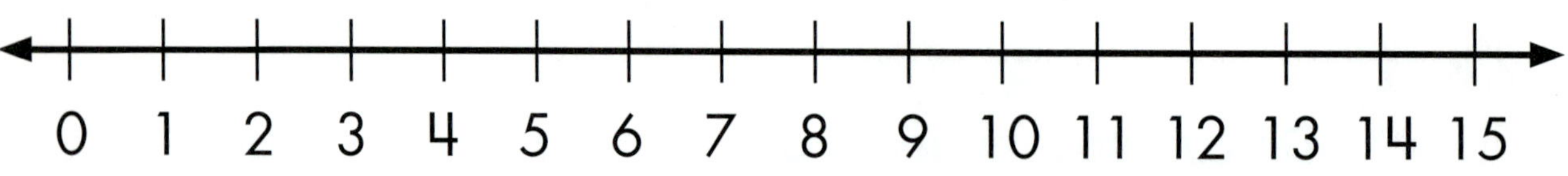

Tabla de 100 (página 1 de 3)

La tabla de 100 es un instrumento que muestra números del 1 al 100 en orden. Te puede ayudar a contar, a sumar y a restar.

columna ↓

fila →

1	2	3	4	5	6	7	8	9	10
11	12	13	14	15	16	17	18	19	20
21	22	23	24	25	26	27	28	29	30
31	32	33	34	35	36	37	38	39	40
41	42	43	44	45	46	47	48	49	50
51	52	53	54	55	56	57	58	59	60
61	62	63	64	65	66	67	68	69	70
71	72	73	74	75	76	77	78	79	80
81	82	83	84	85	86	87	88	89	90
91	92	93	94	95	96	97	98	99	100

¿Cuántas filas hay en la tabla de 100?
¿Cuántos números hay en cada fila?
¿Cuántas columnas hay en la tabla de 100?
¿Cuántos números hay en cada columna?

Tabla de 100 (página 2 de 3)

1	2	3	4	5	6	7	8	9	10
11	12	13	14	15	16	17	18	19	20
21	22	23	24	25	26	27	28	29	30
31	32	33	34	35	36	37	38	39	40
41	42	43	44	45	46	47	48	49	50
51	52	53	54	55	56	57	58	59	60
61	62	63	64	65	66	67	68	69	70
71	72	73	74	75	76	77	78	79	80
81	82	83	84	85	86	87	88	89	90
91	92	93	94	95	96	97	98	99	100

"En cada fila, el número de las decenas se mantiene igual y el número de las unidades aumenta de 1 en 1".

"En cada columna, el número de las decenas aumenta de 1 en 1 y el número de las unidades se mantiene igual".

¿Qué patrones observas?

Tabla de 100 (página 3 de 3)

En esta tabla de 100 faltan algunos números.

1	2	3	4	5	6		8		10
	12	13	14	15	16	17	18	19	20
21	22		24	25	26	27	28	29	30
31	32	33	34				38	39	40
41	42	43	44	45	46	47	48	49	50
51		53	54	55	56	57	58	59	60
61	62	63	64	65	66	67			
71	72	73	74	75	76	77	78	79	80
81	82		84	85	86	87	88	89	90
91	92	93	94	95	96		98	99	100

¿Qué números faltan?
¿Cómo lo sabes?

Tabla de 200

Ésta es una tabla de 200.

1	2	3	4	5	6	7	8	9	10
11	12	13	14	15	16	17	18	19	20
21	22	23	24	25	26	27	28	29	30
31	32	33	34	35	36	37	38	39	40
41	42	43	44	45	46	47	48	49	50
51	52	53	54	55	56	57	58	59	60
61	62	63	64	65	66	67	68	69	70
71	72	73	74	75	76	77	78	79	80
81	82	83	84	85	86	87	88	89	90
91	92	93	94	95	96	97	98	99	100
101	102	103	104	105	106	107	108	109	110
111	112	113	114	115	116	117	118	119	120
121	122	123	124	125	126	127	128	129	130
131	132	133	134	135	136	137	138	139	140
141	142	143	144	145	146	147	148	149	150
151	152	153	154	155	156	157	158	159	160
161	162	163	164	165	166	167	168	169	170
171	172	173	174	175	176	177	178	179	180
181	182	183	184	185	186	187	188	189	190
191	192	193	194	195	196	197	198	199	200

¿En qué se parece a la tabla de 100?
¿En qué se diferencia de la tabla de 100?
Busca el 76. ¿Dónde está el 176?

Contar hacia adelante

Para contar hacia adelante desde cualquier número, puedes usar la recta numérica o la tabla de 100. No tienes que empezar en el 1. Max empieza en el 8 y cuenta hasta el 14.

"8, 9, 10, 11, 12, 13, 14".

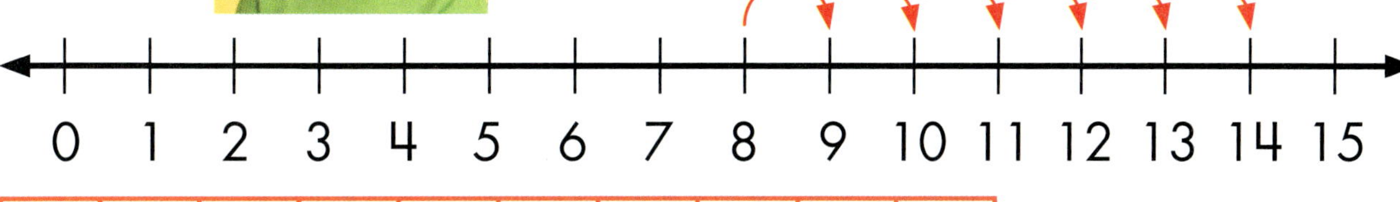

1	2	3	4	5	6	7	8	9	10
11	12	13	14	15	16	17	18	19	20
21	22	23	24	25	26	27	28	29	30
31	32	33	34	35	36	37	38	39	40
41	42	43	44	45	46	47	48	49	50
51	52	53	54	55	56	57	58	59	60
61	62	63	64	65	66	67	68	69	70
71	72	73	74	75	76	77	78	79	80
81	82	83	84	85	86	87	88	89	90
91	92	93	94	95	96	97	98	99	100

Usa la tabla de 100 para contar del 38 al 52.

Contar hacia atrás

Para contar hacia atrás desde cualquier número puedes usar la recta numérica o la tabla de 100. Rosa cuentra hacia atrás desde el 33 hasta el 24.

"33, 32, 31, 30, 29, 28, 27, 26, 25, 24".

1	2	3	4	5	6	7	8	9	10
11	12	13	14	15	16	17	18	19	20
21	22	23	24	25	26	27	28	29	30
31	32	33	34	35	36	37	38	39	40
41	42	43	44	45	46	47	48	49	50
51	52	53	54	55	56	57	58	59	60
61	62	63	64	65	66	67	68	69	70
71	72	73	74	75	76	77	78	79	80
81	82	83	84	85	86	87	88	89	90
91	92	93	94	95	96	97	98	99	100

Usa la recta numérica para contar hacia atrás desde el 15 hasta el 9.

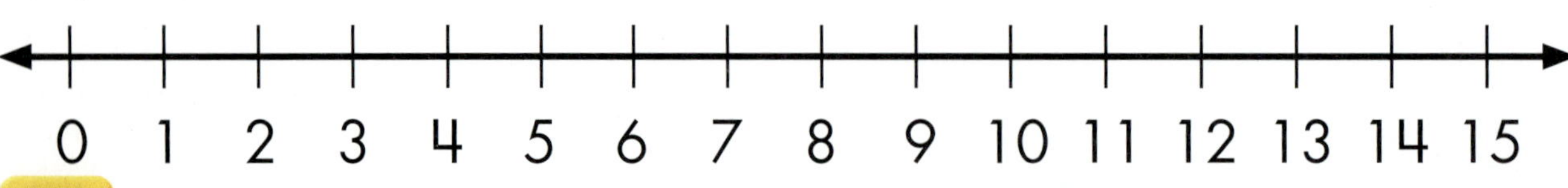

Resolver problemas de suma (página 1 de 5)

Éste es un problema-cuento:

Kim tiene 3 crayones. Sam le da 4 más.
¿Cuántos crayones tiene Kim ahora?

¿Tiene Kim más crayones al principio o al final del cuento?

Resolver problemas de suma (página 2 de 5)

Éste es el cuento:

Kim tiene 3 crayones. Sam le da 4 más. ¿Cuántos crayones tiene Kim ahora?

Hay muchas maneras de resolver este problema. Así es como lo hicieron algunos niños:

Paula tomó 3 crayones.
Luego tomó 4.
Luego los contó.

1 2 3 1 2 3 4

1 2 3 4 5 6 7

Pei dibujó 4 líneas.
Luego dibujó 3 líneas.
Contó hacia adelante desde el 4.

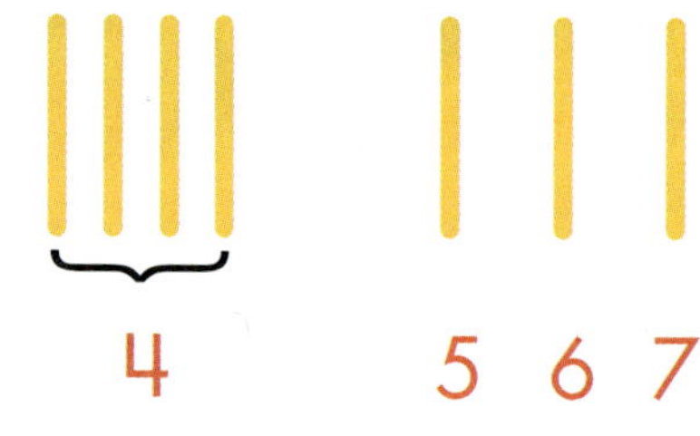

4 5 6 7

Sé que $3 + 3 = 6$.
Por eso $3 + 4$ es uno más.

¿Cómo resolverías este problema?

Resolver problemas de suma (página 3 de 5)

Palabras de matemáticas
- **ecuación**
- **más**
- **igual a**
- **sumando**
- **suma**
- **signo igual**

Kim tiene 3 crayones. Sam le da 4 más. Ahora Kim tiene 7 crayones.

Éstas son 2 ecuaciones para este problema.

$$3 + 4 = 7$$

3 más 4 es igual a 7.

$$7 = 3 + 4$$

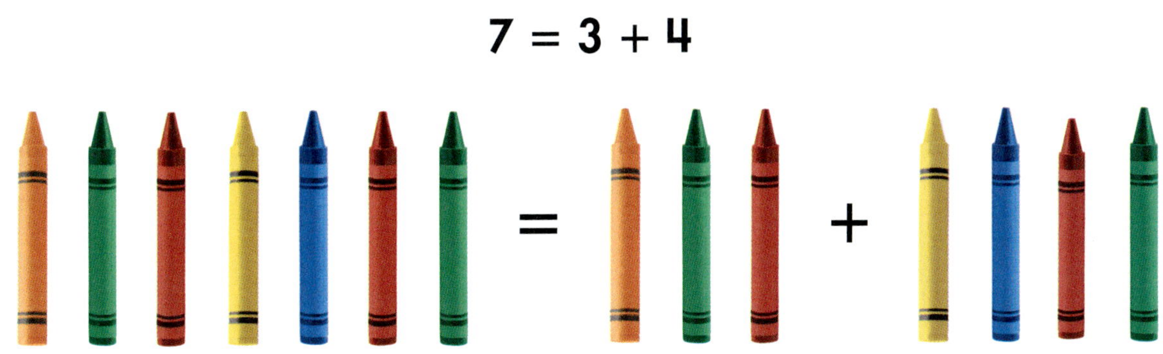

7 es igual a 3 más 4.

3 y 4 son los sumandos. 7 es el total o la suma.

El signo igual representa que 3 + 4 es la misma cantidad que 7.

Resolver problemas de suma (página 4 de 5)

Éste es un problema-cuento:

Rosa tiene 8 conchas.
Sam le da 3 conchas más.
Max le da 2 conchas más.
¿Cuántas conchas tiene Rosa ahora?

¿Tiene Rosa más conchas al principio o al final del cuento?

Resolver problemas de suma (página 5 de 5)

Hay muchas maneras de resolver este problema.
Así es como lo hicieron algunos niños.

Paul dibujó y contó cada concha.

Isabel contó hacia adelante desde el 8 en una recta numérica.

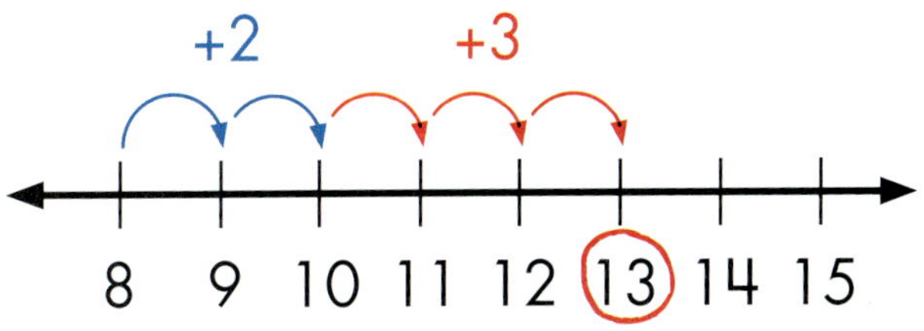

Vic usó una combinación de 10.

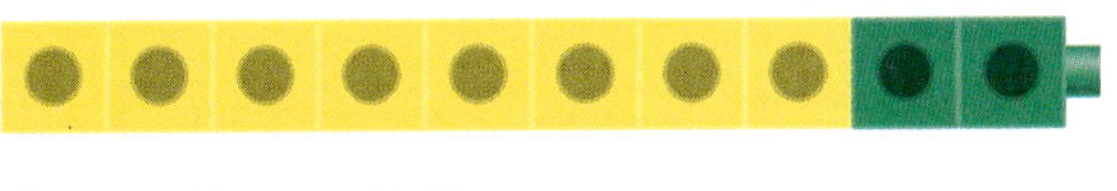

8 + 2 = 10

Luego contó hacia adelante.

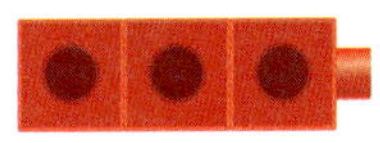

11, 12, 13

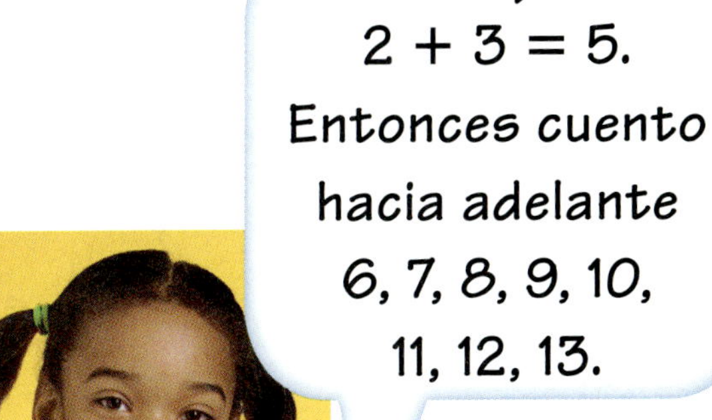

¿Cómo resolverías este problema?

Resolver problemas de resta (página 1 de 5)

Éste es un problema-cuento:

Sam tenía 10 monedas de 1¢.
Gastó 6 en un lápiz.
¿Cuántas monedas de 1¢ le sobraron?

¿Tiene Sam más monedas de 1¢ al principio o al final del cuento?

Resolver problemas de resta (página 2 de 5)

Hay muchas maneras de resolver este problema.
Así es como lo hicieron algunos niños.

Kim dibujó 10 círculos y tachó 6. Luego contó cuántos sobraron.

Vic contó 6 hacia atrás en una recta numérica.

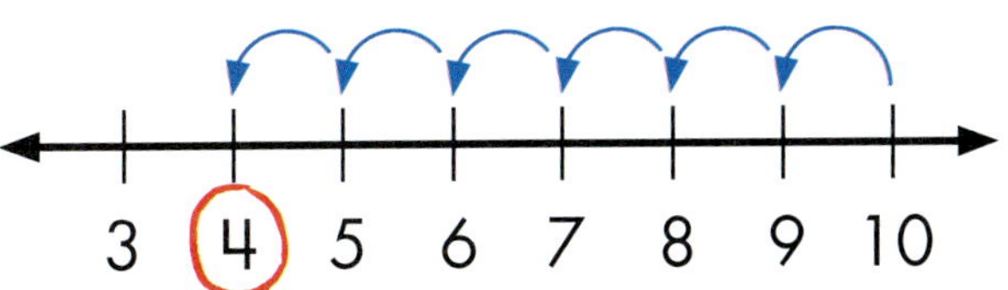

Max contó hacia adelante del 6 al 10.

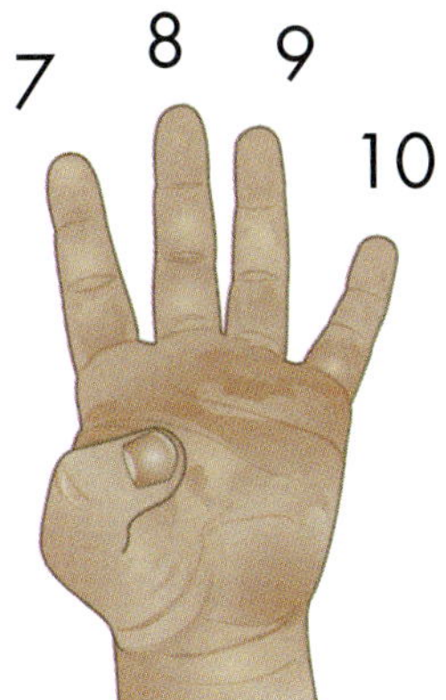

Luego contó sus dedos:
1, 2, 3, 4

Rosa usó lo que sabía sobre combinaciones de suma.

Sé que
$4 + 6 = 10$.
Entonces $10 - 6$
tiene que ser 4.

¿Cómo resolverías este problema?

Resolver problemas de resta (página 3 de 5)

Palabras de matemáticas
- menos
- es igual a
- diferencia

Sam tenía 10 monedas de 1¢.
Gastó 6 en un lápiz.
Ahora tiene 4.

Ésta es una ecuación para este problema.

$$10 - 6 = 4$$

10 menos 6 es igual a 4.

La diferencia entre 10 y 6 es 4.

El signo igual representa que 10 − 6 es la misma cantidad que 4.

Resolver problemas de resta (página 4 de 5)

Éste es un problema-cuento.

Max tenía 15 monedas de 1¢ en su alcancía. Sacó 7 monedas de 1¢ para comprar un lápiz. ¿Cuántas monedas de 1¢ quedan en la alcancía?

¿Max tiene más monedas de 1¢ en su alcancía al principio o al final del cuento?

Resolver problemas de resta (página 5 de 5)

Max tenía 15 monedas de 1¢ en su alcancía.
Sacó 7 monedas de 1¢ para comprar un lápiz.
¿Cuántas monedas de 1¢ quedan en la alcancía?

Hay muchas maneras de resolver este problema.
Así es como lo hicieron algunos niños.

Tina contó 15 y quitó 7. Luego contó cuántas sobraron.

Stacy usó una recta numérica y contó hacia atrás.

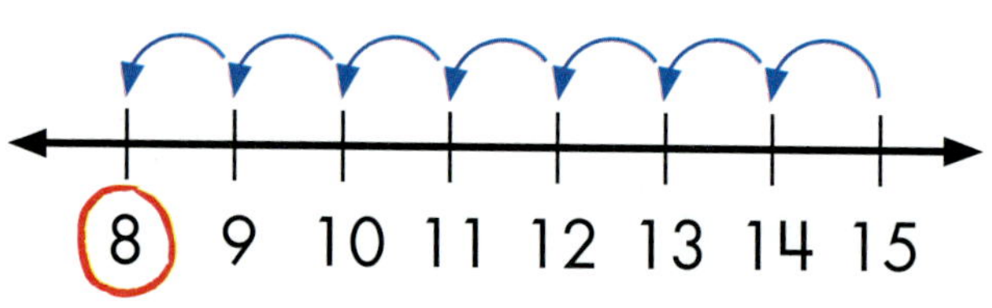

Leah contó hacia adelante desde 7 hasta 15. Contó 8.

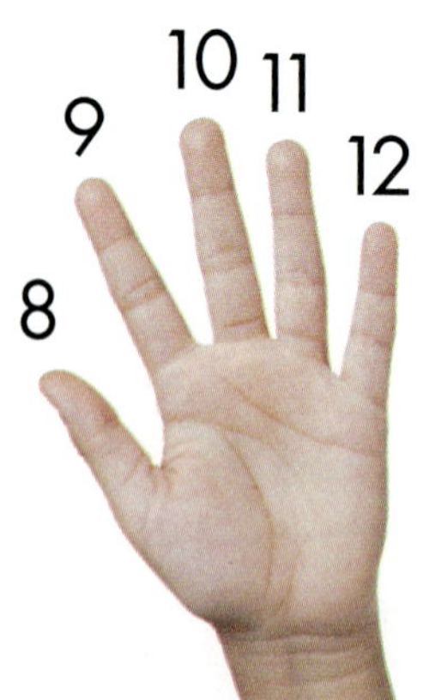

Paul usó lo que sabía sobre combinaciones de suma.

Si 7 + 7 = 14, entonces 7 + 8 = 15. Por lo tanto, 15 − 7 = 8.

¿Cómo resolverías este problema?

Símbolos de matemáticas

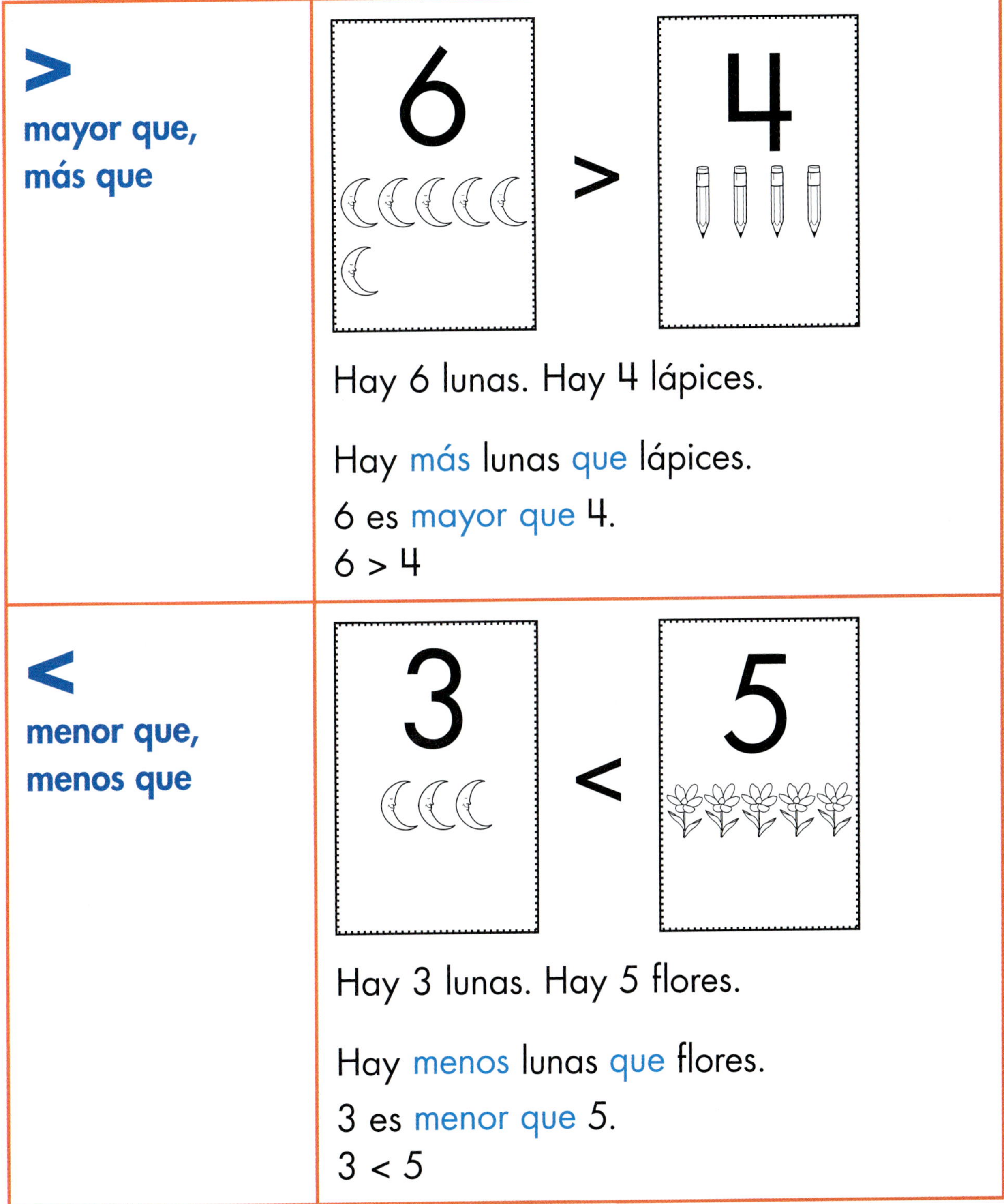

> **mayor que, más que**	6 > 4 Hay 6 lunas. Hay 4 lápices. Hay más lunas que lápices. 6 es mayor que 4. $6 > 4$
< **menor que, menos que**	3 < 5 Hay 3 lunas. Hay 5 flores. Hay menos lunas que flores. 3 es menor que 5. $3 < 5$

Usar símbolos de matemáticas

(página 1 de 2)

+ **signo más, signo de suma**	4 + 3 = 7 4 más 3 es igual a 7.
− **signo menos, signo de resta**	10 − 6 = 4 10 menos 6 es igual a 4.
= **signo igual**	 4 = 4 4 es lo mismo que 4. 4 es igual a 4.

Usar símbolos de matemáticas (página 2 de 2)

Palabras de matemáticas
- **ecuación**

Una ecuación usa números y símbolos para representar lo que sucede en un problema de matemáticas.

$8 + 2 = 10$ $10 - 4 = 6$

Éstas son dos maneras de escribir problemas de suma o de resta.

$$\begin{array}{r} 8 \\ +\ 2 \\ \hline 10 \end{array}$$ es lo mismo que $8 + 2 = 10$

$10 - 4 = 6$ es lo mismo que $$\begin{array}{r} 10 \\ -\ 4 \\ \hline 6 \end{array}$$

¿Cuántos hay de cada uno?

(página 1 de 2)

Éste es un problema-cuento.

Tengo 6 vegetales.
Algunas son arvejas.
Algunas son zanahorias.
¿Cuántas de cada una podría tener?
¿Cuántas arvejas? ¿Cuántas zanahorias?

Aquí hay muchas soluciones diferentes.

Ésta es una.

Podría tener 2 zanahorias y 4 arvejas.

$$6 = 2 + 4$$

¿Puedes hallar otras combinaciones de arvejas y zanahorias?

¿Cuántos hay de cada uno?

(página 2 de 2)

Éstas son las soluciones que obtuvieron algunos niños.

Edgar: 5 arvejas y 1 zanahoria

$5 + 1 = 6$

Allie: 3 arvejas y 3 zanahorias

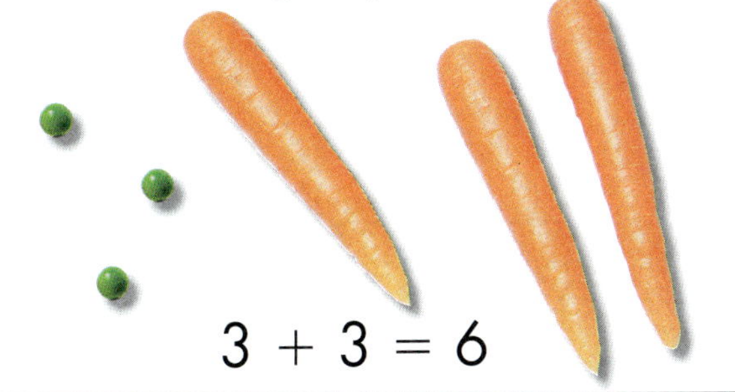

$3 + 3 = 6$

Nicky: 2 arvejas y 4 zanahorias

$2 + 4 = 6$

Talisa: 4 arvejas y 2 zanahorias

$4 + 2 = 6$

Lyle: 1 arveja y 5 zanahorias

$1 + 5 = 6$

Si hubiera 7 vegetales, ¿cuántas arvejas y cuántas zanahorias podría haber? Halla todas las combinaciones que puedas.

Combinaciones de 10 (página 1 de 2)

Éstas son algunas maneras de formar 10.

3

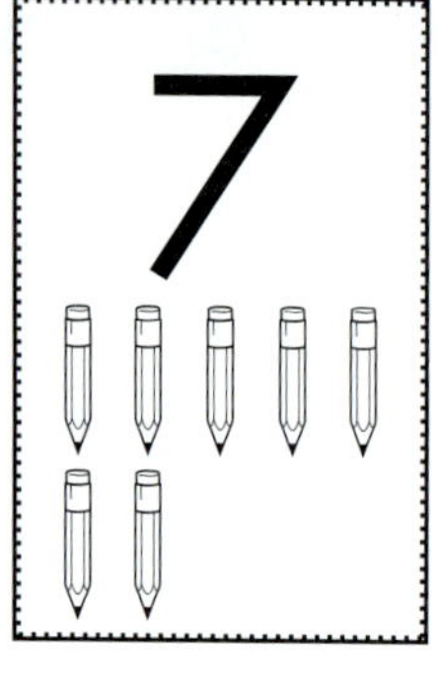

$3 + 7 = 10$

$5 + 5 = 10$

1

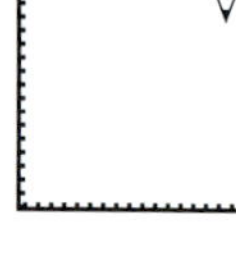

$9 + 1 = 10$

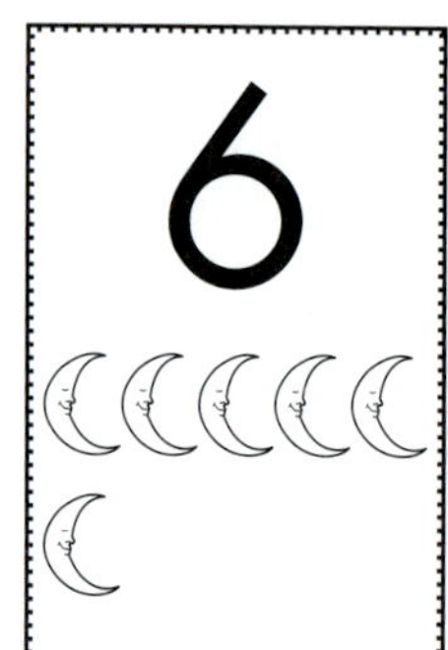

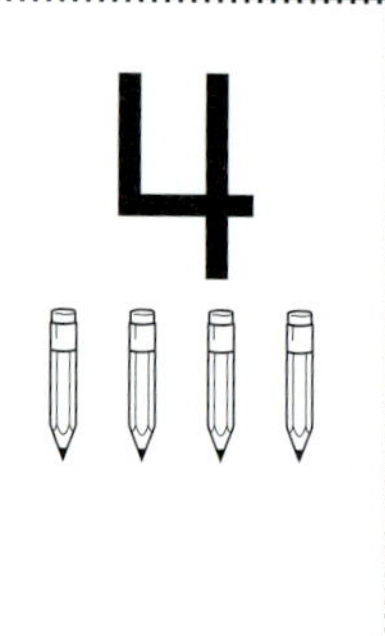

$6 + 4 = 10$

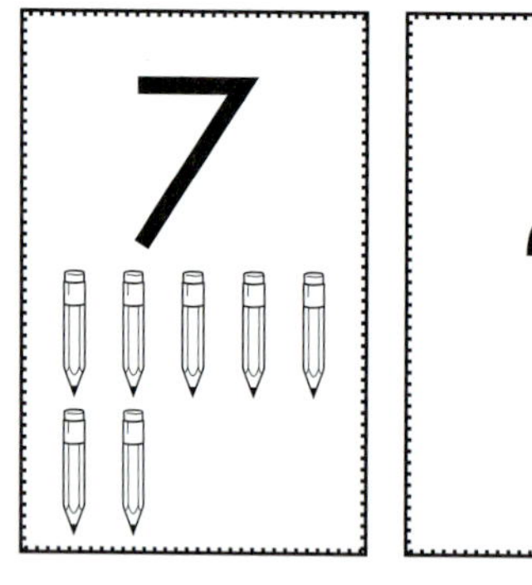

7 + ___?___ = 10

¿Qué tarjeta necesitas para formar 10?
¿De qué otras maneras puedes formar 10 con 2 tarjetas?
¿Puedes formar 10 con 3 tarjetas?

Combinaciones de 10 (página 2 de 2)

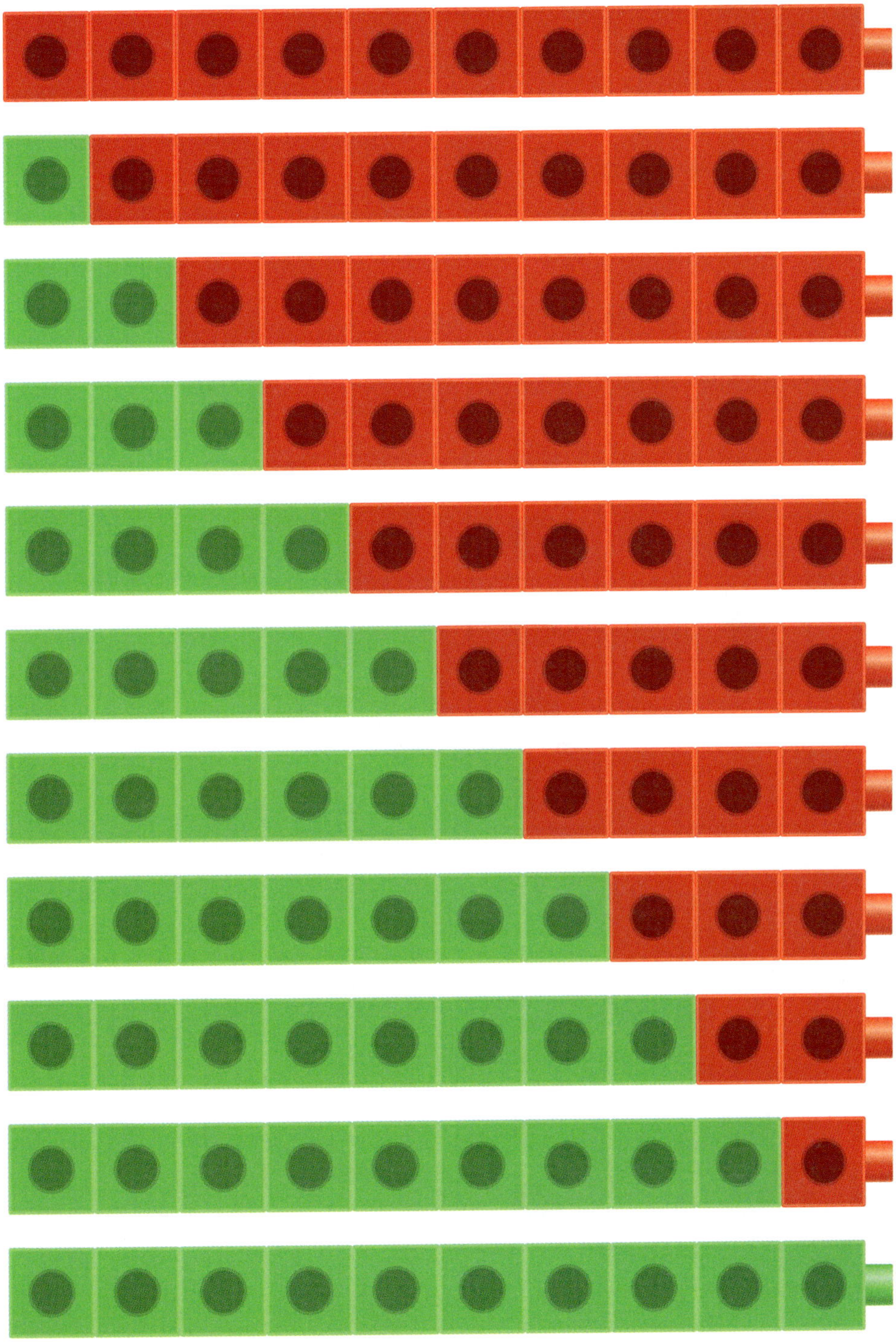

0 + 10 = 10

1 + 9 = 10

2 + 8 = 10

3 + 7 = 10

4 + 6 = 10

5 + 5 = 10

6 + 4 = 10

7 + 3 = 10

8 + 2 = 10

9 + 1 = 10

10 + 0 = 10

¿Qué notas en estas combinaciones de 10?

Usar combinaciones de 10

(página 1 de 2)

Éste es un problema.

$$8 + 5 = \underline{\ ?\ }$$

Para resolver este problema piensa en combinaciones de 10.

Max dice "Piensa en marcos de diez".

8 + 5

"Si sacas 2 del 5 y lo das al 8, obtienes 10 más 3. Eso es 13".

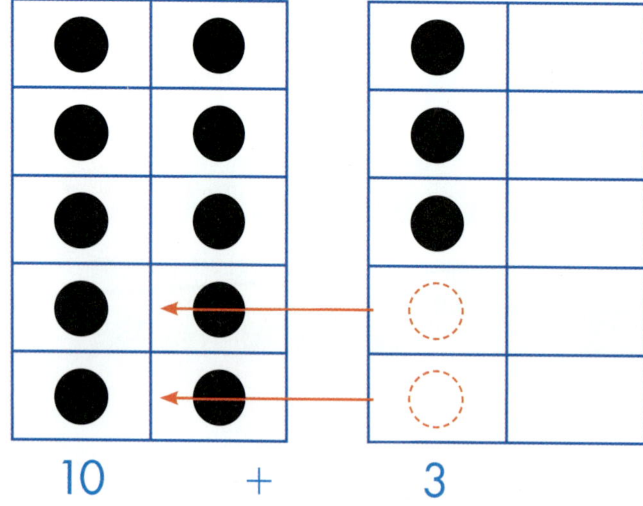

$8 + 5 = 10 + 3 = 13$

Usar combinaciones de 10

(página 2 de 2)

8 + 5 = ?

Rosa dice "Piensa en cubos".

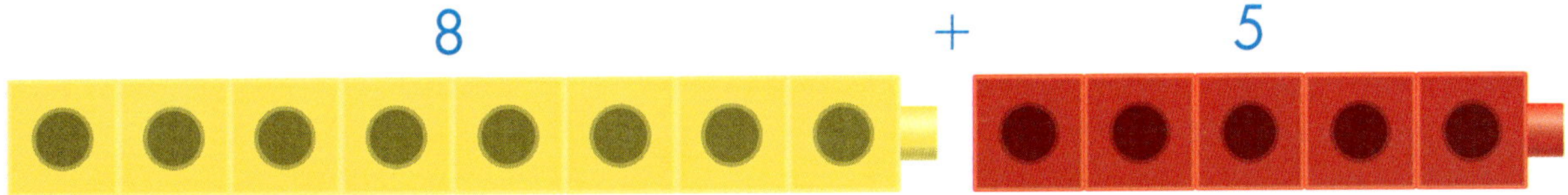

"Separa 5 en un 2 y un 3."

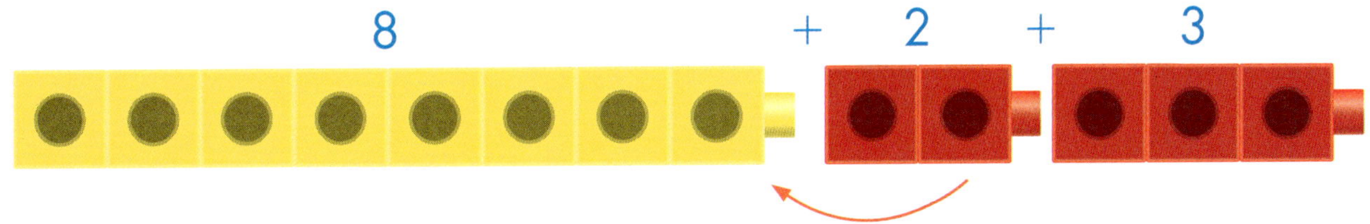

"8 más 2 es 10. Más 3 es 13."

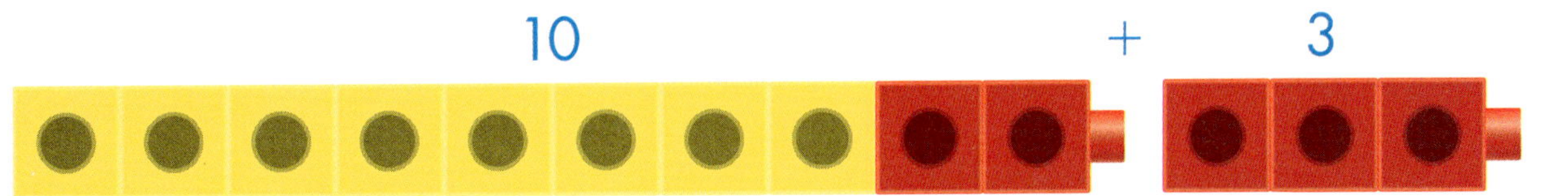

8 + 5 = 10 + 3 = 13

El número de hoy

El número de hoy es el 8.
Éstas son algunas maneras diferentes de formar 8.

6 + 2 = 8

8 = 7 + 1

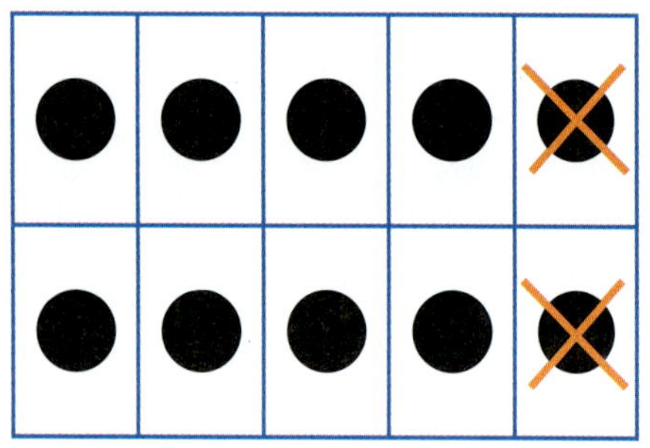

10 − 2 = 8

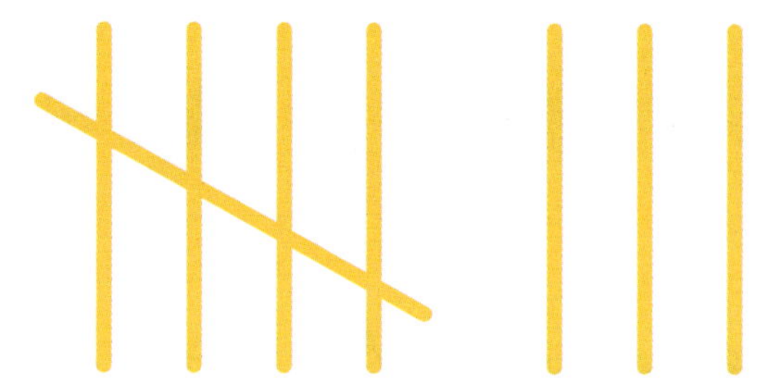

5 + 3 = 8

4 + 4 = 8

2 + 2 + 3 + 1 = 8

¿De qué otra manera se puede formar 8?

Patrones que se repiten (página 1 de 5)

Palabras de matemáticas
- **patrón que se repite**

Éstos son algunos ejemplos de patrones que se repiten.

- números

1 2 3 1 2 3 1 2 3 1 2 3 1 2 3

- colores

- figuras

- acciones

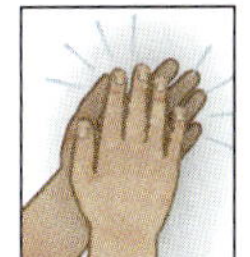	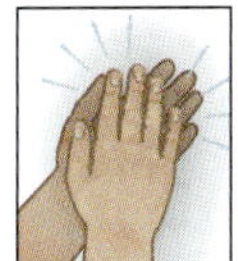	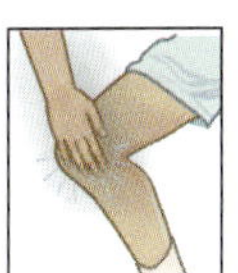	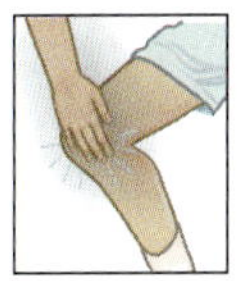	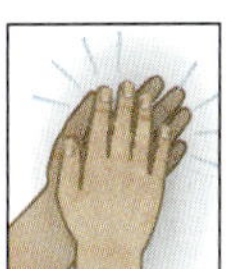	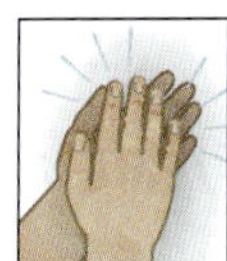	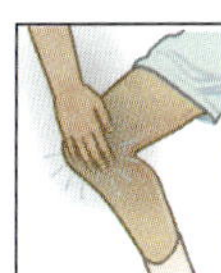	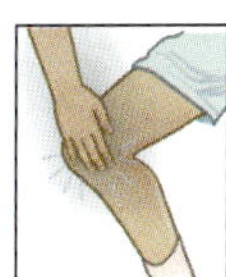
aplauso	aplauso	palmada en la rodilla	palmada en la rodilla	aplauso	aplauso	palmada en la rodilla	palmada en la rodilla

¿Es éste un patrón que se repite?

Patrones que se repiten (página 2 de 5)

Palabras de matemáticas
- **unidad**

La unidad es la parte del patrón que se repite.

unidad:

1 2 3

patrón:

1 2 3 1 2 3 1 2 3 1 2 3 1 2 3

unidad:

patrón:

¿Cuál es la unidad aquí?

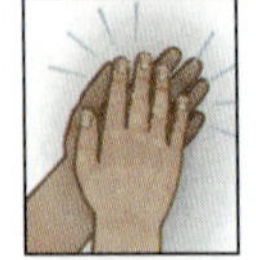	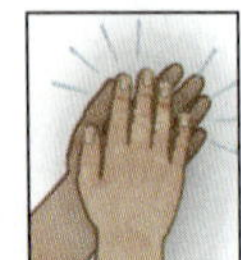	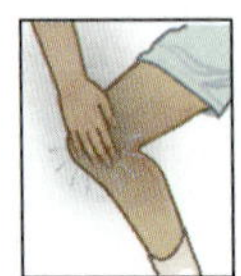	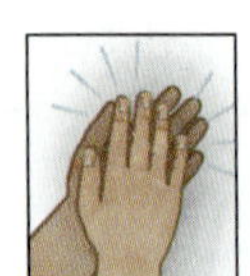	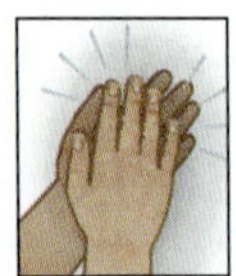	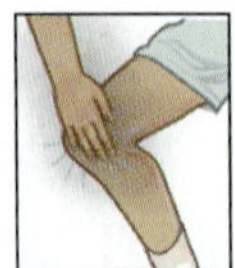	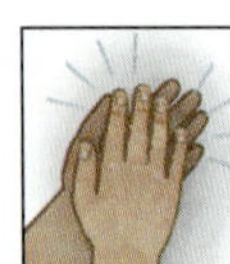	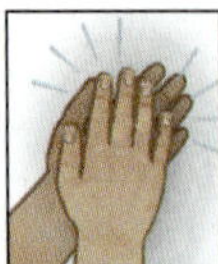	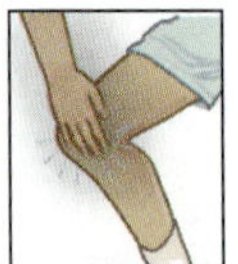
aplauso	aplauso	palmada en la rodilla	aplauso	aplauso	palmada en la rodilla	aplauso	aplauso	palmada en la rodilla

Patrones que se repiten (página 3 de 5)

Patrones AB que se repiten

Algunos patrones que se repiten se ven así:

A B A B A B A B A B A B A B A B

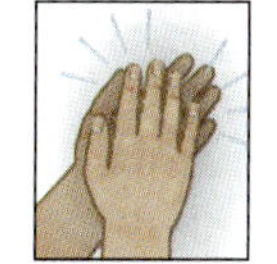
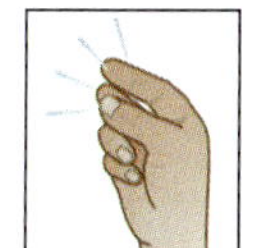
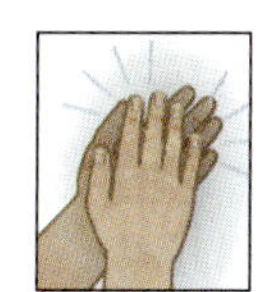
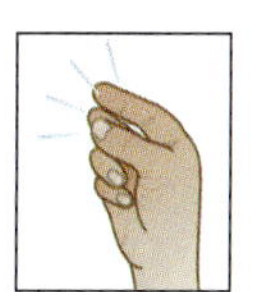
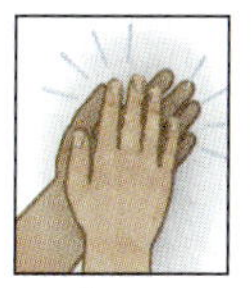
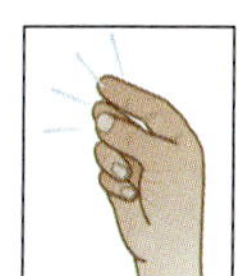
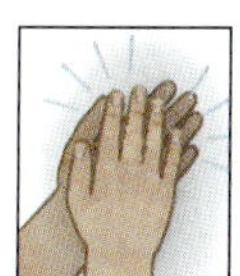
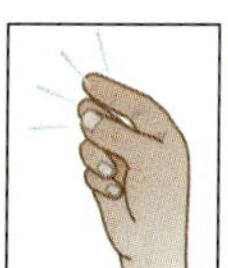

aplauso chasquido aplauso chasquido aplauso chasquido aplauso chasquido

¿En qué se parecen estos patrones?

Patrones que se repiten (página 4 de 5)

Patrones ABC que se repiten

Algunos patrones que se repiten se ven así:

A B C A B C A B C A B C A B C

1 2 3 1 2 3 1 2 3 1 2 3 1 2 3

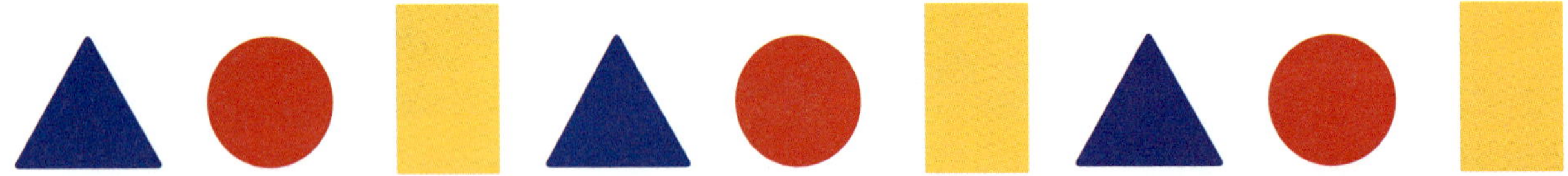

pez perro gato pez perro gato

¿En qué se parecen estos patrones?

Patrones que se repiten (página 5 de 5)

Patrones AAB que se repiten

Algunos patrones que se repiten se ven así:

A A B A A B A A B A A B A A B

perro perro gato perro perro gato

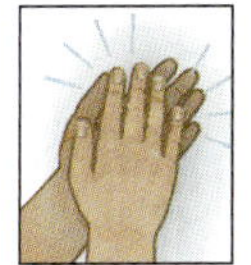 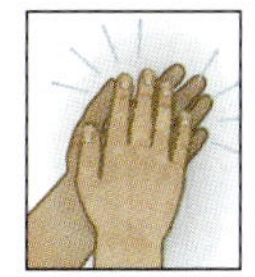 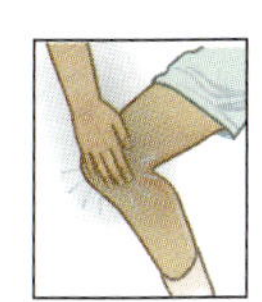 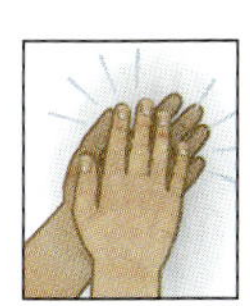 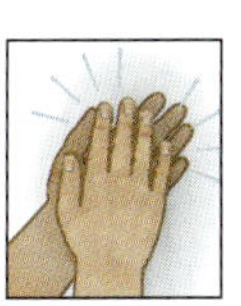 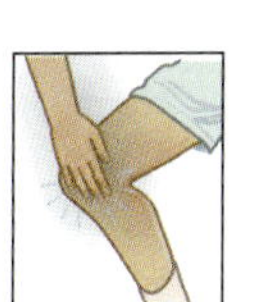 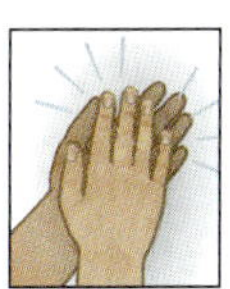 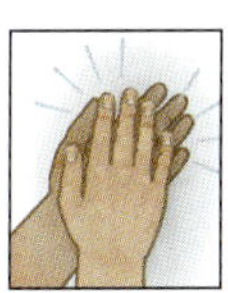 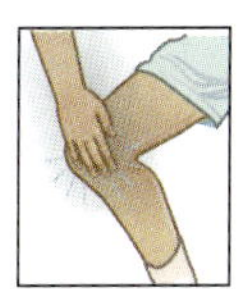

aplauso aplauso palmada en la rodilla aplauso aplauso palmada en la rodilla aplauso aplauso palmada en la rodilla

¿En qué se parecen estos patrones?

Números pares e impares

Palabras de matemáticas
- **par**
- **impar**

Algunos números son pares.

Estos números son pares.

2 4 6 8 10 12 14 16 18 20

Algunos números son impares.

Estos números son impares.

3 5 7 9 11 13 15 17 19 21

Los números pares e impares forman un patrón AB:

1	2	3	4	5	6	7	8	9	10	11
impar	par	impar	par	impar	par	impar	par	impar	par	impar

¿Es 20 par o impar? ¿Es 19 par o impar?

¿Qué sigue?

En un patrón que se repite puedes determinar qué sigue.

La unidad del patrón es un cubo azul y un cubo anaranjado.

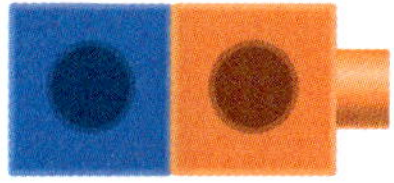

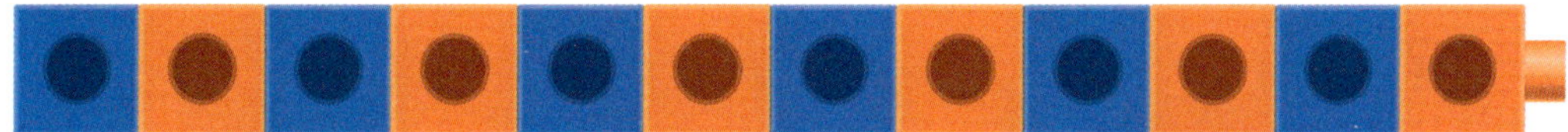

El cubo que sigue será un cubo azul. 

La unidad del patrón es un triángulo azul, un círculo rojo

y un rectángulo amarillo. 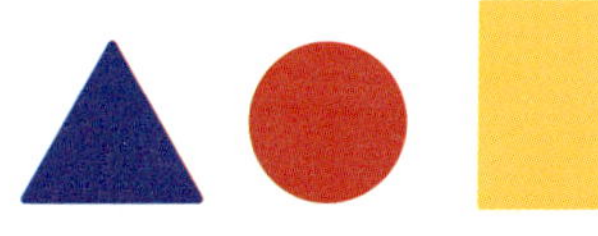

La figura que sigue será un rectángulo amarillo.

Si este patrón continúa de la misma manera, ¿qué sigue?

¿Qué habrá aquí?

En un patrón que se repite puedes anticipar qué vendrá.

Si este patrón continúa de la misma manera, ¿qué habrá aquí?

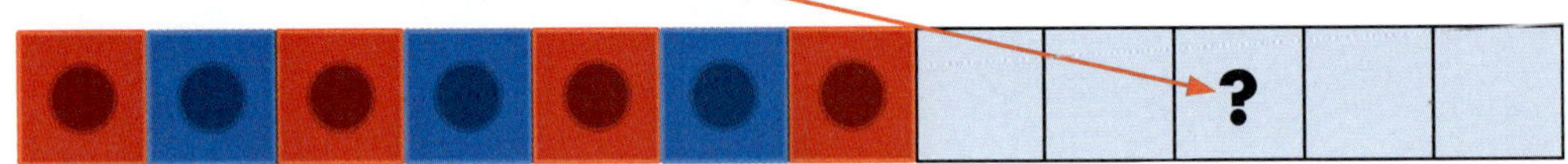

Si este patrón continúa, ¿qué habrá aquí?

1 2 3 4 1 2 3 4 1 2 3 4 1 2 3 4 ☐ ☐ ☐ ☐ ?

Patrones que aumentan (página 1 de 3)

Torres en escalera

Estas torres en escalera siguen un patrón a medida que son más altas. Cada torre tiene 2 cubos más que la torre anterior.

Empezar en: 2

Subir: 2

Número de cubos: 2 4 6 8

Si este patrón continúa, ¿cuántos cubos habrá en la torre siguiente?

Patrones que aumentan (página 2 de 3)

Frasco para monedas de 1¢

Tengo una moneda de 1¢ en un frasco. Todos los días agrego tres monedas de 1¢ más.

Mi frasco se ve como éste.

¿Cuántas monedas de 1¢ habrá en mi frasco el día 5?

Patrones que aumentan (página 3 de 3)

Contar por grupos de 2

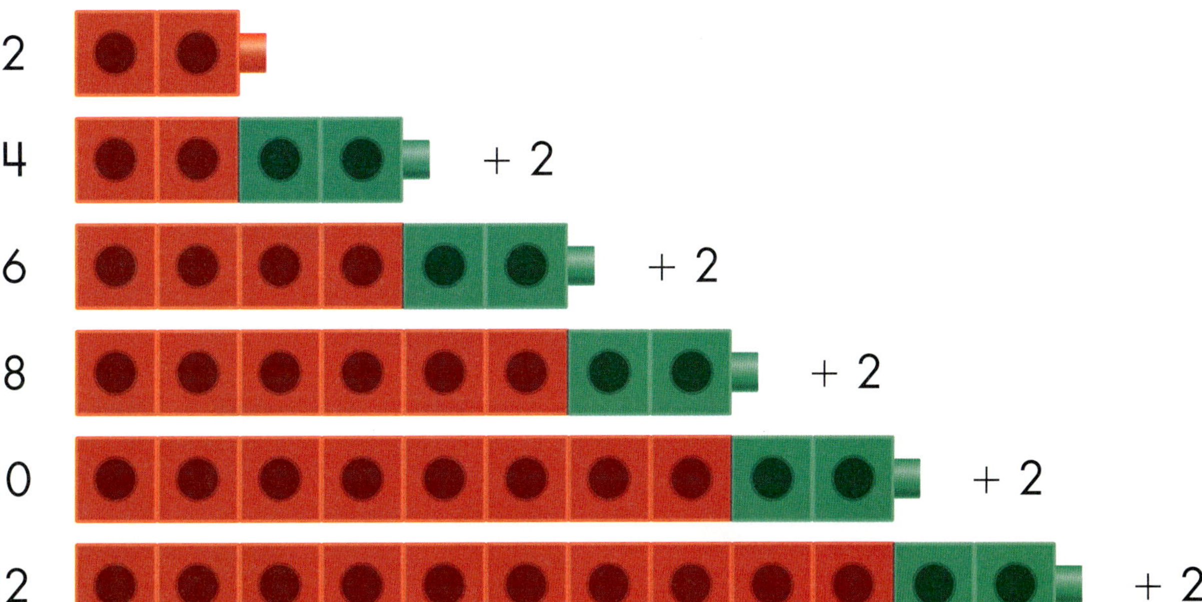

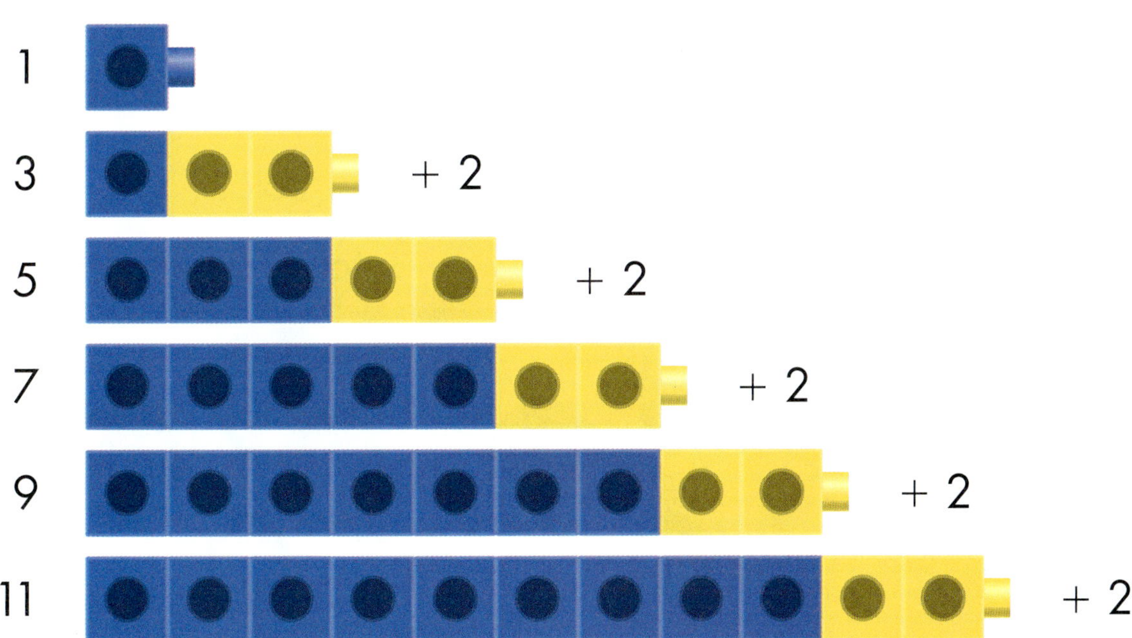

Clasificar

Palabras de matemáticas
- **clasificar**

Puedes clasificar datos u objetos de diferentes maneras. Formar grupos puede mostrar en qué se parecen y en qué se diferencian los datos o los objetos.

Lyle coleccionó botones. Quería averiguar en qué se parecían y en qué se diferenciaban esos botones.

Primero los clasificó por tamaño, de esta manera.

Botones grandes	Botones medianos	Botones pequeños

Luego notó que también podría clasificarlos por color.

Botones rojos	Botones azules	Botones anaranjados

¿De qué otras maneras podrías clasificar estos botones?

Datos

Palabras de matemáticas
- **datos**

La palabra "datos" significa información. Reúnes datos al hacerle la misma pregunta a un grupo de personas.

Marta quería tener un perro. Su mamá le dijo que primero tenía que aprender a cuidarlo. Marta empezó a reunir datos para averiguar quienes tenían perro.

Marta les preguntó esto:

¿Tienes perro?

¿Sobre qué cosas reuniste datos?

Encuestas

Palabras de matemáticas
- **encuesta**

Una manera de averiguar lo que quieres saber es hacer una encuesta. Una encuesta es hacerle la misma pregunta a un grupo de personas y llevar la cuenta de sus respuestas.

Encuesta de Marta

¿Tienes perro?

Sí	No
Allie	Bruce
Carol	Teo
Diego	Emilia
Felipe	Leah
Lyle	Paul
Paula	William
Stacy	Libby
	Vic
	Tamika
	Chris
	Nicky
	Isabel
	Toshi

¿A cuántos compañeros de clase les preguntó Marta? ¿A quién podría Marta pedirle consejos sobre cuidar perros?

Marcas de conteo

Palabras de matemáticas
- **marca de conteo**

Hacer marcas de conteo es una manera de representar datos. Una marca de conteo, o línea, significa una respuesta, o cosa, sobre la que estás reuniendo datos. Después de hacer una marca de conteo para cada artículo, las cuentas para hallar el total.

Marta usó marcas de conteo para contar sus datos. Hizo 4 líneas. Luego dibujó un línea que atraviesa las 4 marcas para representar un grupo de 5. Así es como Marta contó las respuestas a las preguntas de su encuesta.

¿Tienes perro?

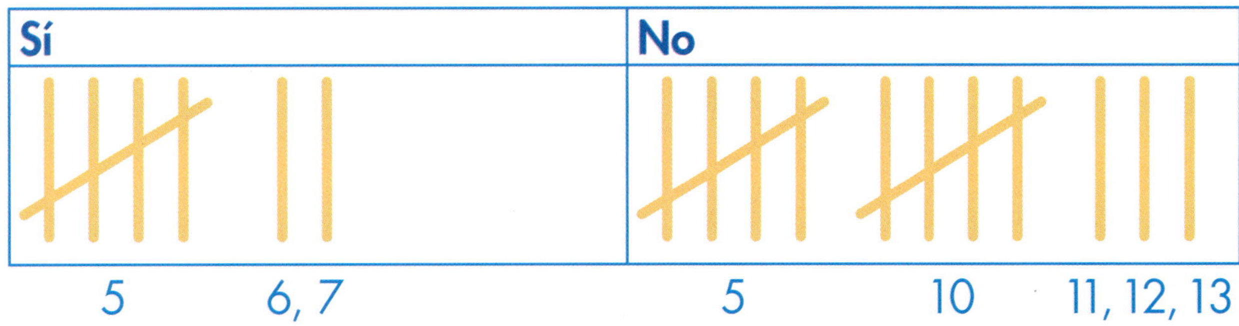

Mira los datos de Marta.
¿Cuántos estudiantes no tienen perro?
¿A cuántos estudiantes encuestó Marta?

Representación

Palabras de matemáticas
- **representación**

Una representación de datos es una manera de mostrarles a otras personas lo que averiguaste.

Ésta es la representación de Marta.

Perros	Sin perro
Allie	Bruce
Carol	Teo
Diego	Emilia
Felipe	Leah
Lyle	Paul
Paula	William
Stacy	Libby
	Vic
	Tamika
	Chris
	Nicky
	Isabel
	Toshi

Querida mamá,

Reuní datos sobre los niños de mi clase que tienen perro. Averigüé que hay 7 niños de mi clase que tienen perro.

Cuando necesito saber cómo cuidar a mi perro, hay 7 niños a quienes puedo pedir consejos. ¿Puedo tener un perro, por favor?

Te quiero,
Marta

Geometría

La geometría es el estudio de las figuras.

Hay figuras en todos lados. Podemos encontrar figuras en nuestra clase, en casa, en la calle y en el mundo que nos rodea.

Mira tu alrededor. ¿Qué figuras ves?

Figuras en el mundo

¿Qué figuras ves en esta foto?

Figuras bidimensionales

Palabras de matemáticas
- **bidimensional**

Las figuras bidimensionales son planas. Se pueden dibujar en una hoja de papel o en otra superficie plana. Éstas son algunas figuras bidimensionales.

Círculo

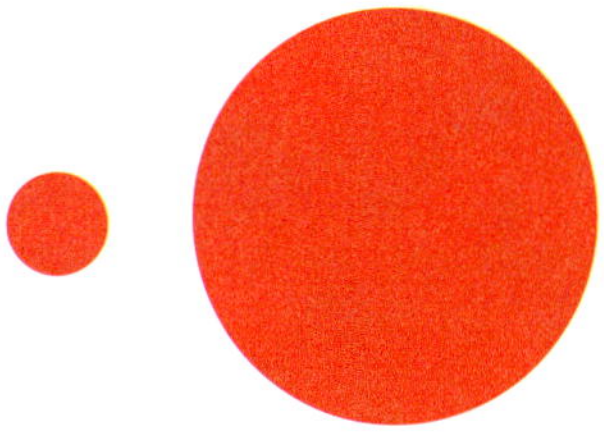

Óvalo

Triángulo

Cuadrado

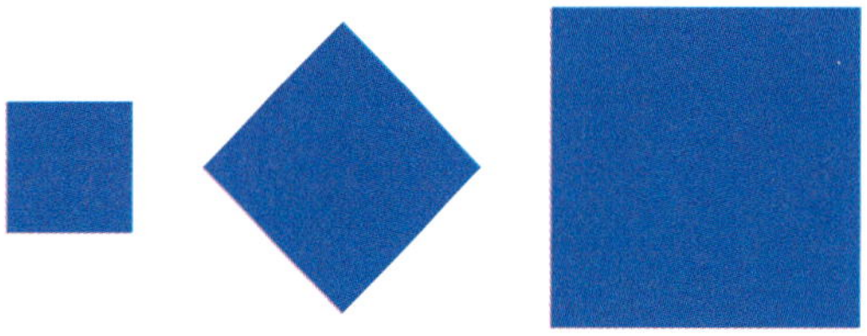

Rectángulo

Rombo

Trapecio

Hexágono

Dibuja algunas figuras bidimensionales. ¿Qué figuras dibujaste?

Triángulos

Palabras de matemáticas
- **triángulo**

Estas figuras son triángulos.

Éstas **no** son triángulos.

¿Qué tienen en común las figuras que son triángulos?

Cuadriláteros

Palabras de matemáticas
- **cuadrilátero**

Estas figuras son cuadriláteros.

Éstas **no** son cuadriláteros.

¿Qué tienen en común las figuras que son cuadriláteros?

Describir figuras bidimensionales

Puedes describir figuras bidimensionales según su apariencia. Éstas son algunas maneras de describir diferentes figuras bidimensionales.

"Parece un tazón. La parte de arriba es más ancha que la parte de abajo."

"Tiene 4 lados y 4 esquinas. Los lados están inclinados."

"Tiene 3 puntas. La de arriba es más pronunciada."

"Es un triángulo, pero está inclinado y parece que se va a caer."

"Es como un óvalo pero no tiene curvas."

"Parece una señal de PARE."

¿Cómo describirías estas figuras?

Describir figuras bidimensionales: lados y vértices

Palabras de matemáticas
- **lados**
- **vértice, vértices (esquinas)**

Las figuras bidimensionales tienen lados y vértices. Muchos estudiantes de primer grado les dicen esquinas a los vértices. Piensa en un triángulo.

Un triángulo tiene 3 lados.

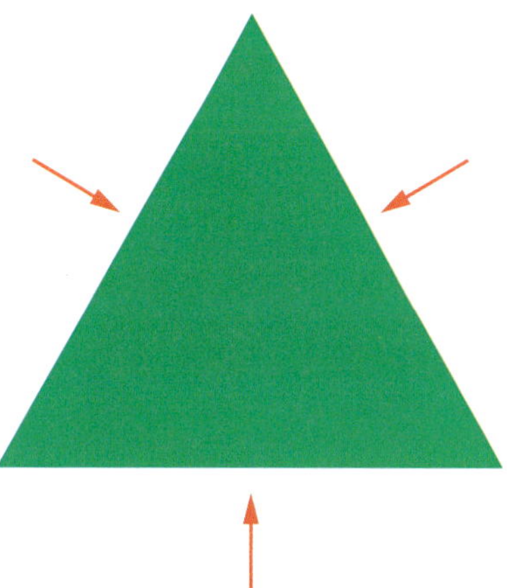

Un vértice es el lugar donde 2 lados se encuentran. Si hay más de un vértice, éstos se llaman vértices.

Un triángulo tiene 3 vértices o esquinas.

¿Cuántos lados tiene un cuadrilátero? ¿Cuántos vértices tiene?

Clasificar figuras (página 1 de 2)

Observa este grupo de figuras.
¿En qué se parecen? ¿En qué se diferencian? Piensa en maneras diferentes en que podrías organizarlas en grupos distintos.

Max agrupó estas figuras así.

¿De qué otra manera se pueden clasificar estas figuras?

Clasificar figuras (página 2 de 2)

Éste es otro grupo de figuras.

Rosa agrupó estas figuras así.

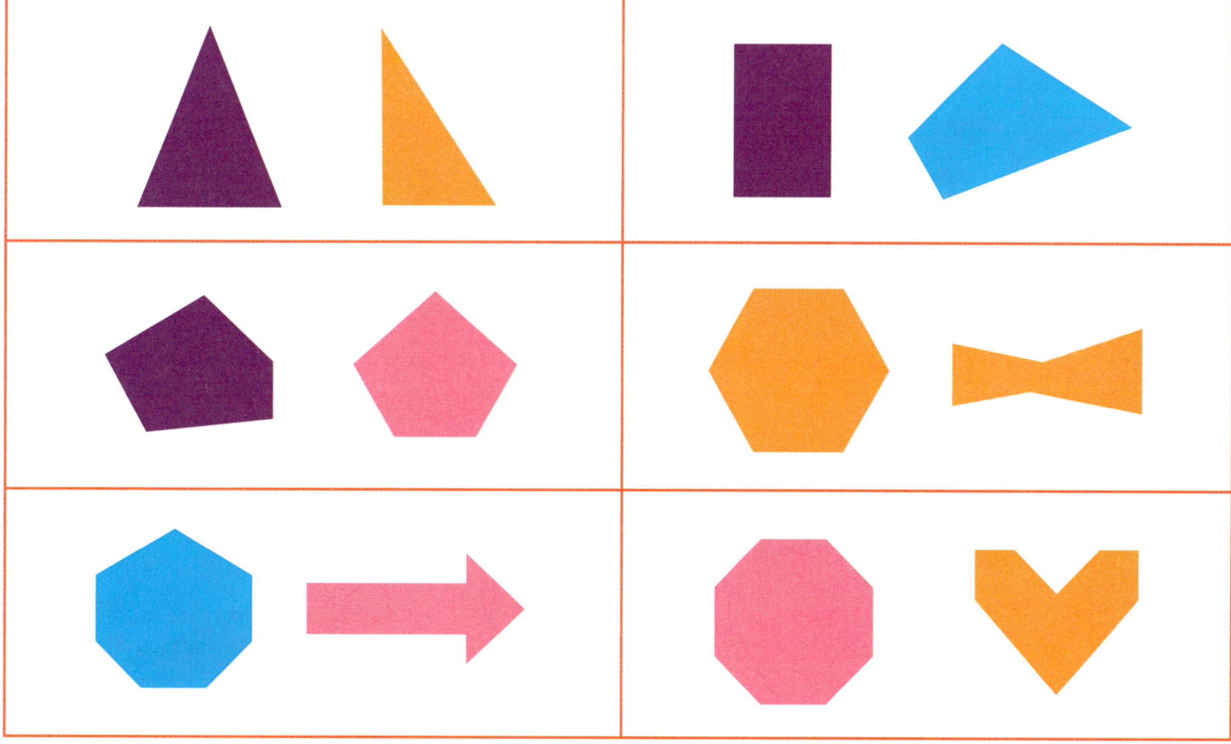

¿Cómo agrupó las figuras Rosa?
¿Qué nombre le darías a cada grupo?

Adivina mi regla (página 1 de 2)

Cuando juegas a *Adivina mi regla* con figuras un jugador elige algunas figuras que siguen una regla secreta.

Las figuras que están dentro del círculo siguen la regla de Sam. Las figuras que están fuera del círculo no siguen la regla de Sam.

¿Puedes adivinar la regla de Sam?

Adivina mi regla (página 2 de 2)

Las figuras que están dentro del círculo siguen la regla de Kim.
Las figuras que están fuera del círculo no siguen la regla de Kim.

¿Puedes adivinar la regla de Kim?

Llenar figuras con más y con menos

Las figuras se pueden llenar con otras figuras. Ésta es una figura.

En esta figura entran 3 hexágonos.

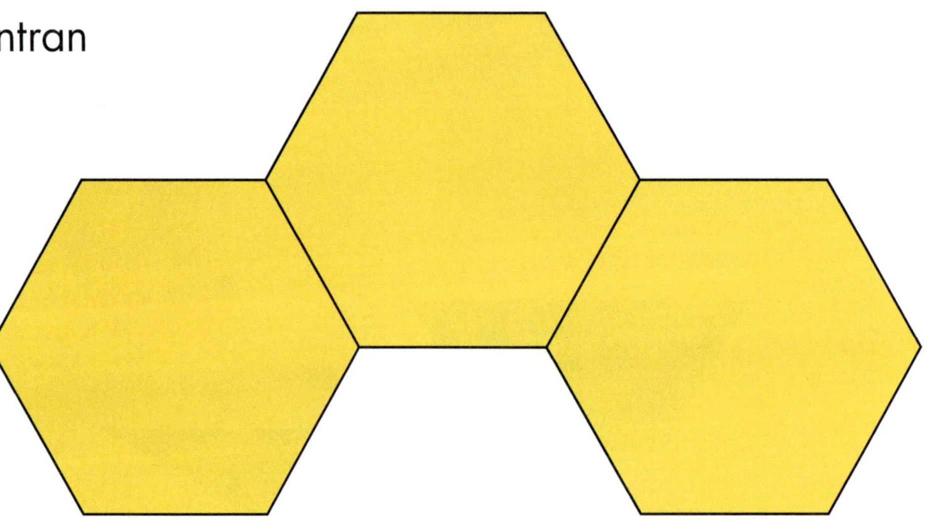

¿Cuántos triángulos entran en la misma figura?

Combinar figuras

Puedes unir figuras para hacer otras figuras.

Éstas son algunas figuras que puedes hacer con 2 triángulos.

Éstas son algunas figuras que puedes hacer con 2 rectángulos.

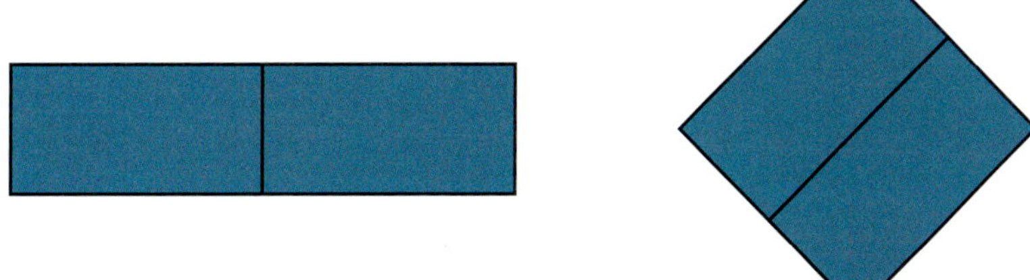

Éstas son algunas figuras que puedes hacer con 6 triángulos.

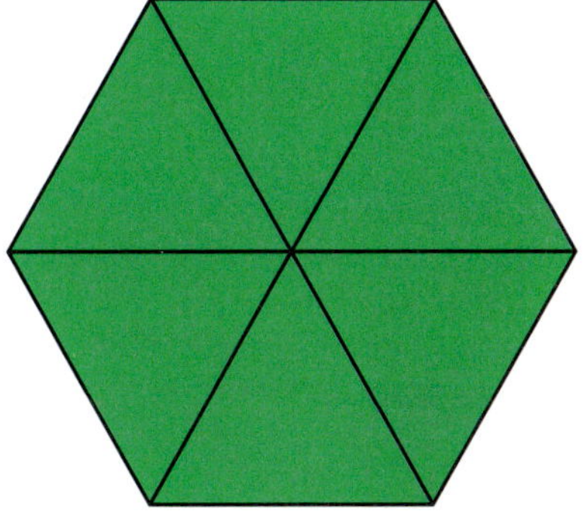

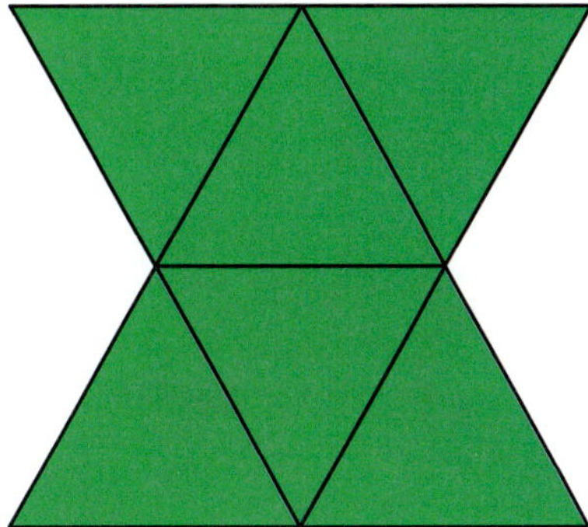

Colchas

Algunas personas usan figuras para hacer colchas. Éste es un cuadrado de colcha:

¿Cuántas veces ves ese cuadrado en la colcha?

¿Qué otras figuras hay en la colcha? ¿Cuántos triángulos ves?

Figuras tridimensionales

Palabras de matemáticas
- **tridimensional**

Las figuras tridimensionales son objetos sólidos. Si son pequeñas, puedes agarrarlas y sostenerlas. Éstas son algunas figuras tridimensionales.

Cubo

Prisma rectangular

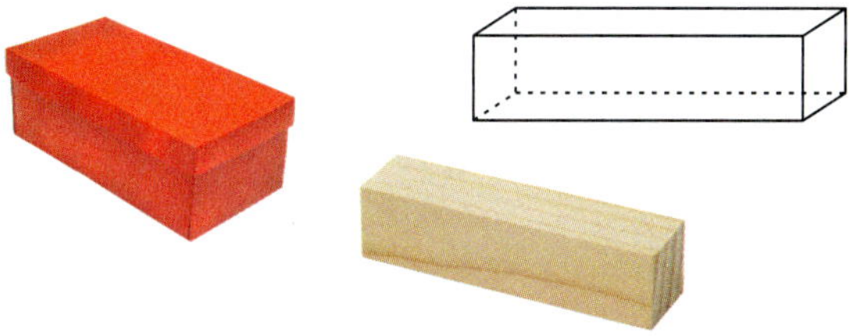

Prisma triangular

Pirámide triangular

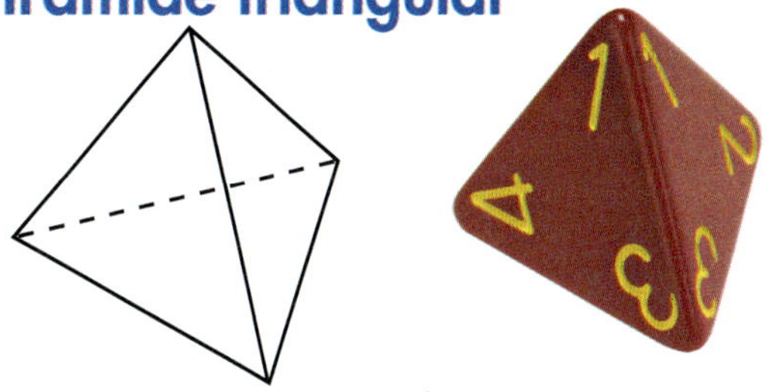

Pirámide cuadrangular

Cono

Cilindro

Esfera

Mira a tu alrededor. ¿Qué figuras tridimensionales ves?

Dibujar figuras tridimensionales

Es difícil dibujar figuras tridimensionales en un papel.

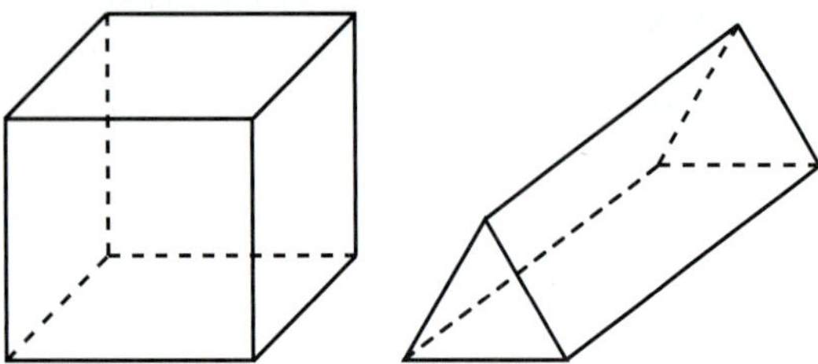

Éstos son algunos dibujos de figuras tridimensionales hechos por estudiantes de primer grado.

¿Cómo dibujarías una figura tridimensional?

Describir figuras tridimensionales

Puedes describir figuras tridimensionales según su apariencia. Éstas son algunas maneras de describir diferentes figuras tridimensionales.

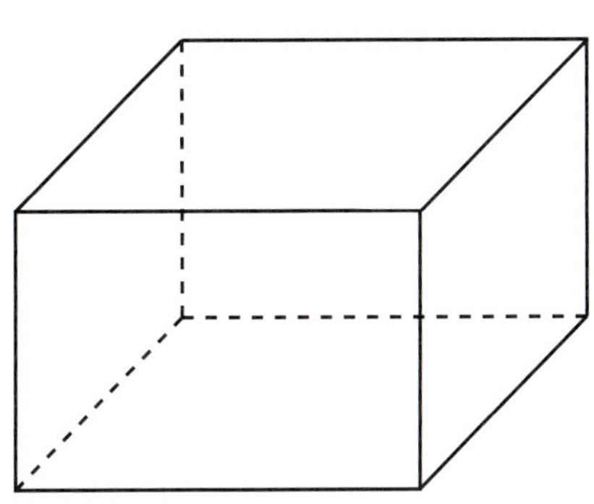

Esta figura parece una caja.

Veo rectángulos en los lados.

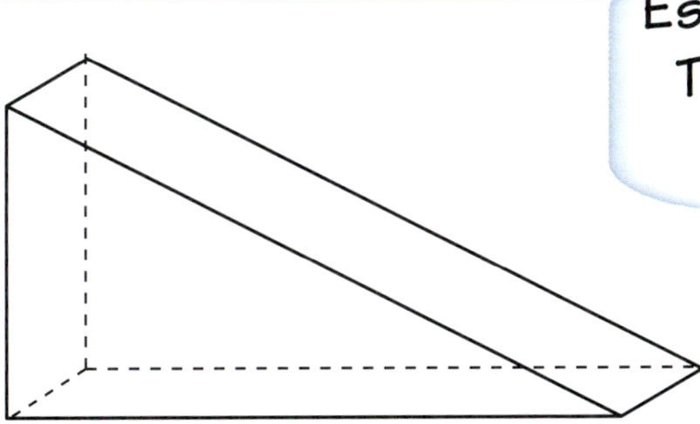

Esta figura parece una rampa. Tiene 2 lados triangulares y esquinas puntiagudas.

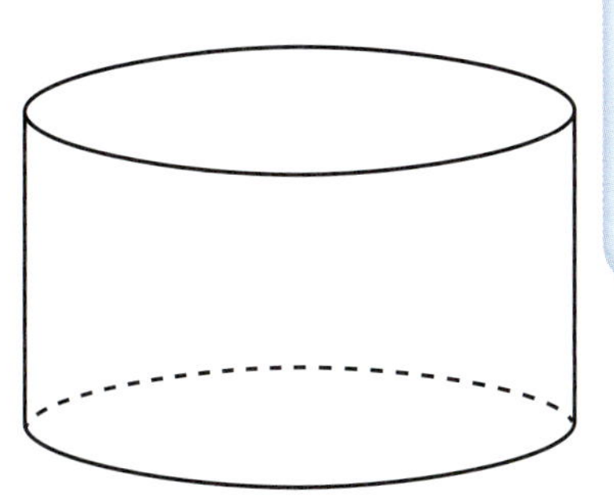

Esta figura es redonda como una lata. Tiene un círculo en la parte de arriba y en la parte de abajo. Los lados son curvos.

¿Cómo describirías estas figuras?

Describir figuras tridimensionales: Aristas, caras y vértices (esquinas)

Palabras de matemáticas
- **aristas**
- **caras**

Las figuras tridimensionales tienen caras, aristas y vértices. Piensa en un cubo.

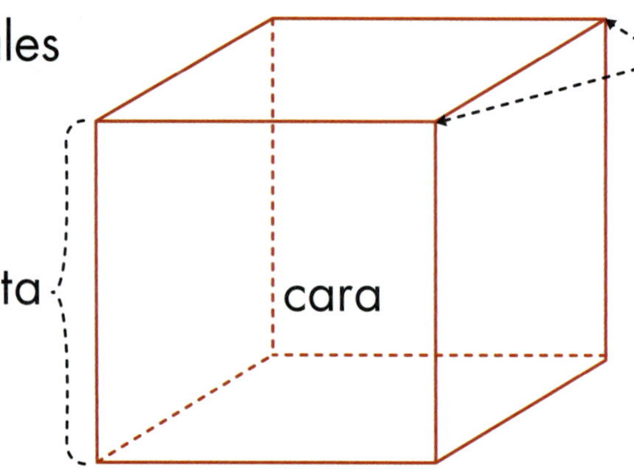

Una arista es la recta o el lado donde 2 caras se encuentran. Un cubo tiene 12 aristas.	Una cara es una figura bidimensional en el lado de una figura tridimensional. En un cubo todas las caras son cuadrados. Un cubo tiene 6 caras.	Un vértice es la punta o esquina donde las aristas se encuentran. Un cubo tiene 8 vértices o esquinas.

¿Qué figuras son las caras que puedes ver en este prisma triangular?

Nombrar figuras tridimensionales: prismas

Un prisma es una figura tridimensional que sólo tiene caras planas. Estos prismas tienen 2 caras opuestas iguales. Estas caras están unidas por rectángulos.

Palabras de matemáticas

- **prisma**
- **prisma rectangular**
- **prisma triangular**
- **cubo**

Prisma rectangular

Estos prismas rectangulares tienen 6 caras. Todas las caras son rectángulos.

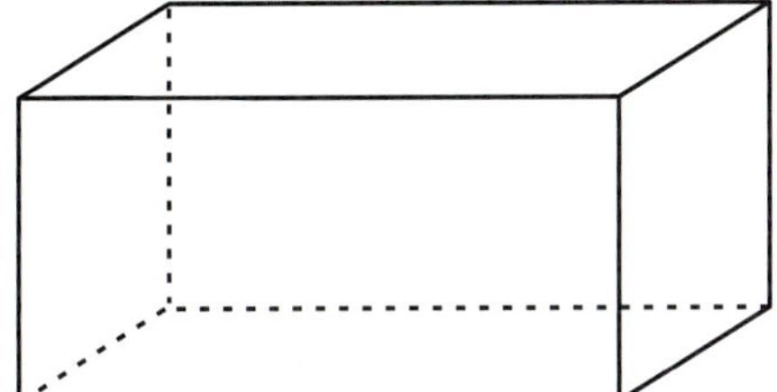
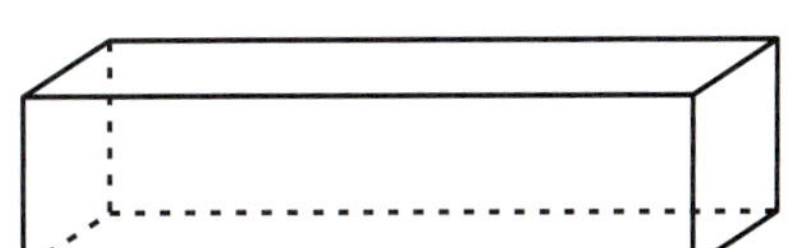
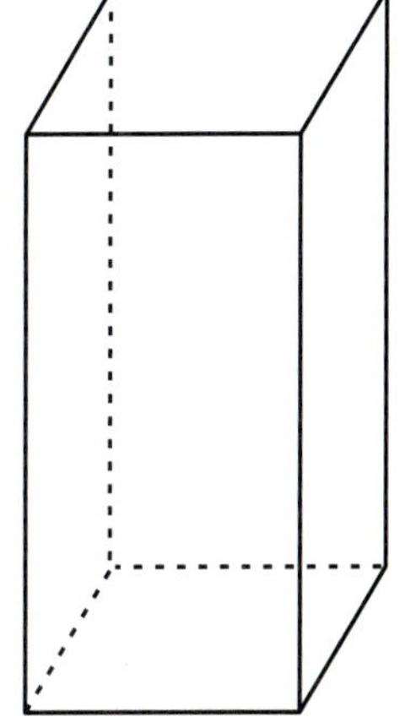

Prisma triangular

Estos prismas triangulares tiene 2 caras triangulares unidas por 3 rectángulos.

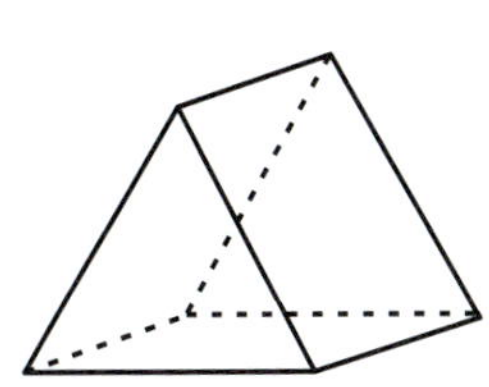
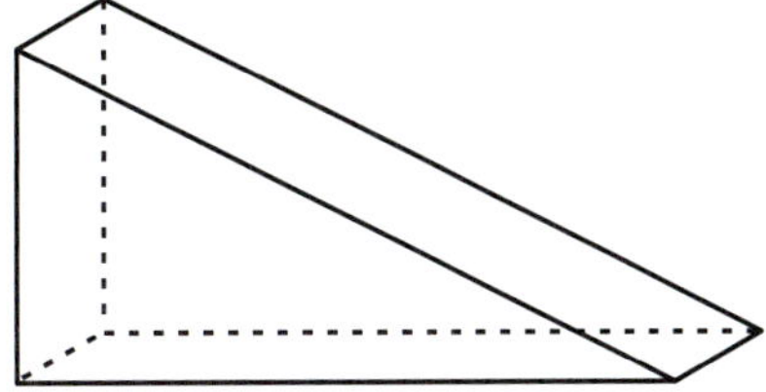
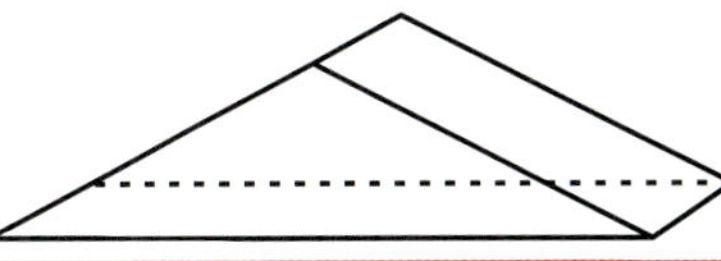

Cubo

Un cubo tiene 6 caras que son cuadrados.
Un cubo es un tipo especial de prisma rectangular.

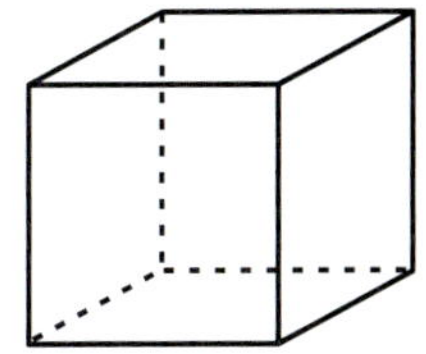

Nombrar figuras tridimensionales

Palabras de matemáticas

- **pirámide**
- **cilindro**
- **esfera**
- **cono**

Éstas son otras formas tridimensionales.

Pirámide

La base de una pirámide puede ser cualquier figura que tenga lados rectos. Todas las otras caras son triángulos.

Esfera

Una esfera es redonda como una pelota o una canica. No tiene caras planas, ni vértices ni aristas.

Cilindro

Un cilindro tiene dos caras circulares. Un cilindro puede parecer una lata o un caño.

Conos

Un cono tiene una cara circular. Piensa en un cono de helado o en un sombrero de cumpleaños.

¿Puedes hallar algo que sea una esfera?

Huellas

Palabras de matemáticas
- **huella**

Una huella es la silueta de un pie o una pata. Pies o patas de diferentes formas hacen diferentes tipos de huellas.

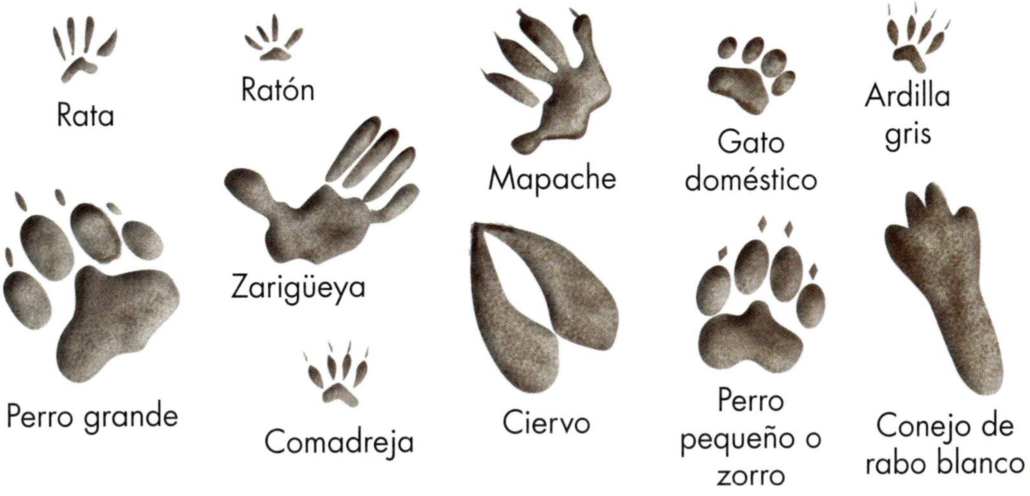

La huella de un edificio muestra la figura, o silueta, de la planta baja.

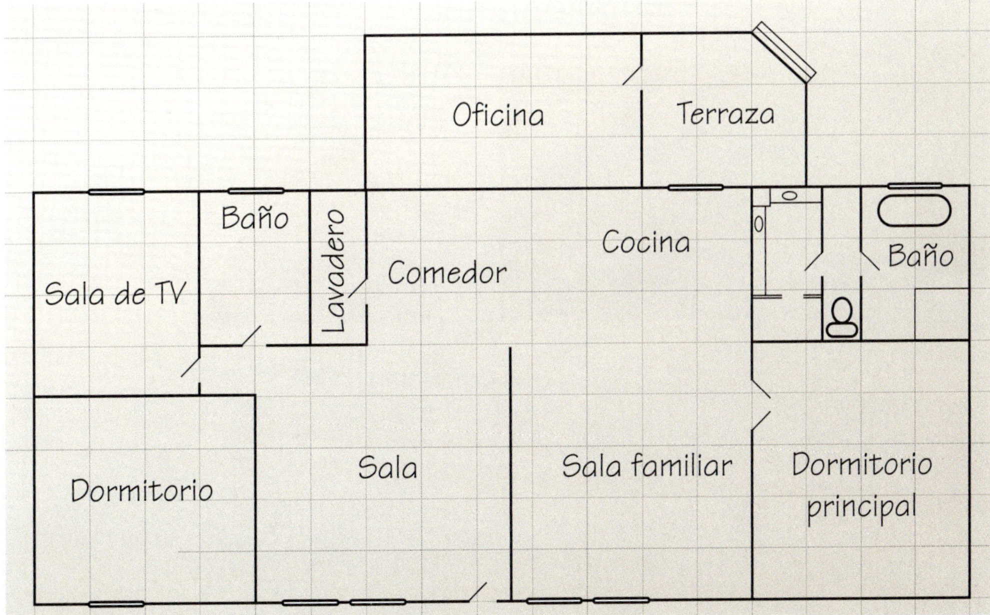

¿Cuándo ves tus huellas? ¿Cómo se ven?

Huellas de Geoblocks

La huella de un Geoblock es la silueta de una de sus caras. El mismo bloque puede tener varias huellas diferentes según sobre qué lado se apoye.

Por ejemplo, este prisma triangular tiene 3 huellas.

Esta pirámide tiene dos huellas.

¿Puedes dibujar una huella de este Geoblock?

Construir con figuras tridimensionales

Estos estudiantes de primer grado hicieron una ciudad con figuras tridimensionales. También dibujaron planos bidimensionales de todos los edificios de la ciudad. Un plano bidimensional ayuda a construir el edificio tridimensional correcto. También puede ayudar a restaurar el edificio si éste se cae.

Éstos son algunos ejemplos de planos bidimensionales y de edificios tridimensionales:

¿Cuál es tu edificio favorito de tu vecindario? ¿Puedes dibujarlo en un papel? ¿Qué bloques necesitarías para construirlo?

Dar indicaciones

Algunos estudiantes de primer grado hicieron una ciudad de bloques en su clase. Éste es un mapa de su ciudad.

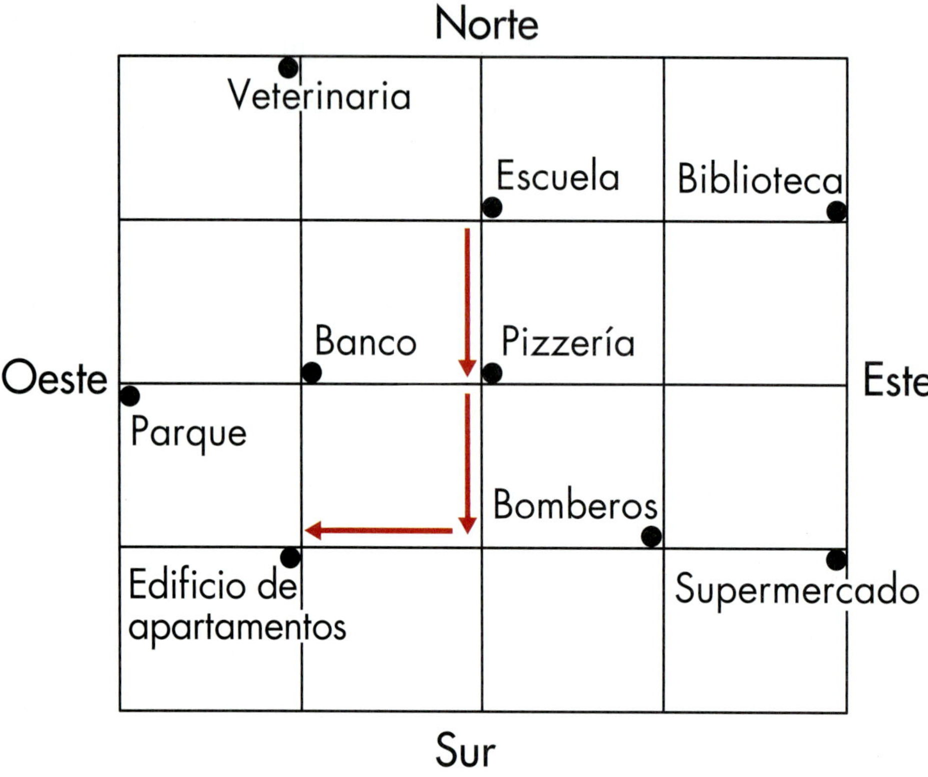

Éstas son unas indicaciones para ir de la escuela al edificio de apartamentos.

Inicio: Escuela
Mira al sur.
Camina 2 cuadras hacia el sur.
Mira al oeste.
Camina 1 cuadra hacia el oeste.
Fin: Edificio de apartamentos

¿Puedes dar indicaciones para ir del banco al supermercado? ¿Y del veterinario a la estación de bomberos?

Medidas

Palabras de matemáticas
- **medida**

Las medidas te pueden decir la longitud, el peso o la altura de una cosa, o cuánto espacio ocupa. Ya has tomado muchas medidas. Tu peso, tu altura y tu número de zapato son diferentes tipos de medidas.

Practicaremos cómo medir la longitud de objetos y la longitud de distancias. Averiguaremos qué largas son las cosas y a qué distancia están.

Esta estudiante mide 48 pulgadas de alto. Ésta es una medida de su altura.

Medir objetos

Observa la habitación. Hay muchos objetos y todos se pueden medir. Las medidas se pueden comparar.

¿Cuál es el objeto más largo que ves?
¿Cuál es el más corto?
¿Hay algunos objetos que tengan un tamaño parecido?
¿Cómo puedes averiguar si dos objetos tienen exactamente el mismo tamaño?

Medir objetos es importante para estar seguro de que las cosas tengan el tamaño correcto.

Longitud

Cuando mides la longitud, mides la parte larga de un objeto.

Si mides con cuidado debes obtener la misma respuesta cada vez que mides la misma longitud.

La longitud de este florero

La longitud de este libro

La longitud de este escritorio

Unidad

Palabras de matemáticas
- **unidad**

Una unidad es lo que usas para medir. Cuando hayas terminado de medir, cuenta cuántas unidades has usado.

Unidades de clips:

Este libro mide 8 clips de largo.

Unidades de fichas cuadradas:

Este libro mide 15 fichas cuadradas de largo.

Unidades de lápices:

Este libro mide 2 lápices de largo.

Si usas diferentes unidades para medir el mismo objeto, el número de unidades puede ser diferente pero el objeto sigue teniendo la misma longitud.

Medir con unidades

(página 1 de 2)

Si mides con cuidado obtendrás el mismo número cada vez que midas el mismo objeto. Para medir con cuidado, asegúrate de que las unidades estén alineadas en una línea recta y que sus extremos se toquen.

Kira usó clips para medir su bolígrafo. Siempre obtenía diferentes números.

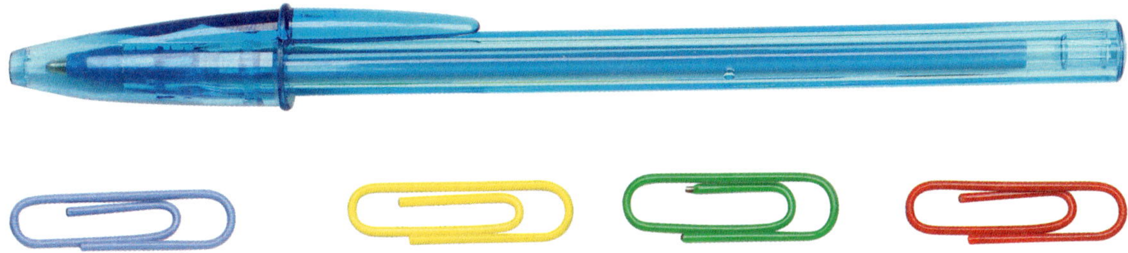

Kira midió primero 4 clips. Luego notó que había dejado espacio entre las unidades. Se había olvidado de cubrir toda la longitud del bolígrafo.

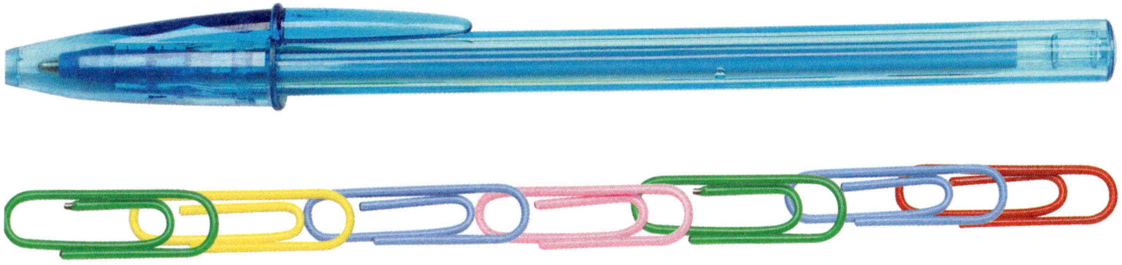

Luego Kira contó 7 clips pero notó que éstos estaban superpuestos.

Medir con unidades

(página 2 de 2)

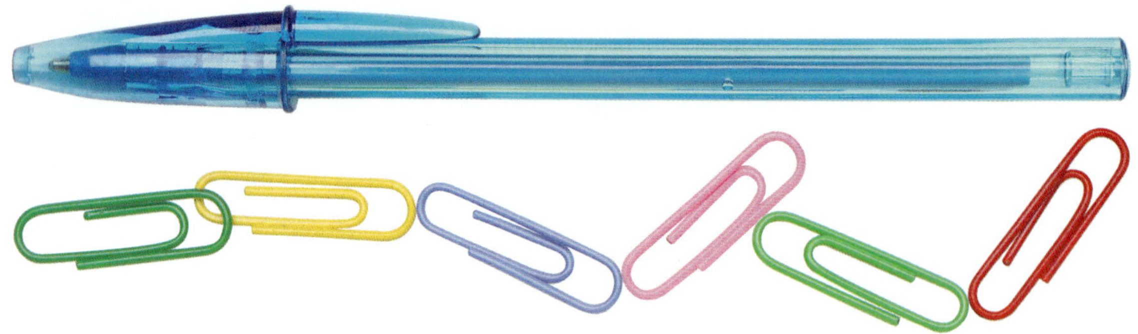

Después, Kira contó 6 clips. Notó que las unidades estaban en zigzag y no en línea recta.

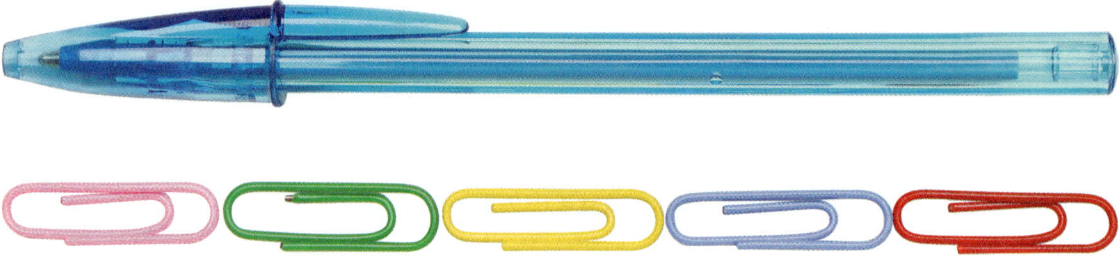

Finalmente, Kira midió 5 clips. Probó de nuevo y obtuvo la misma respuesta.

¿Qué medida crees que sea correcta? ¿Por qué?

Pulgada

Palabras de matemáticas
- **pulgada**

Una pulgada es una unidad que se usa para medir lo largo que es algo.

Esta línea mide una pulgada de largo. ______

Hay muchos instrumentos que podemos usar para medir en pulgadas.

Esta ficha cuadrada mide 1 pulgada de cada lado:

Este lápiz mide 5 pulgadas de largo:

¿Cuántas pulgadas mide este lápiz?

Unidades parciales (página 1 de 2)

Cuando medimos un objeto, a veces su longitud queda entre dos unidades. Hay muchas maneras de decir esto.

Algunos niños midieron este lápiz con fichas cuadradas de una pulgada.

Esto es lo que dijeron.

Mide un poco menos de 5 pulgadas de largo.

Unidades parciales (página 2 de 2)

¡Todas las maneras son correctas! Si quieres decir que algo está exactamente entre dos unidades enteras, puedes decir que tiene todas las unidades enteras y la mitad de la última unidad.

Así es cómo los matemáticos escriben una mitad: 1/2 $\frac{1}{2}$

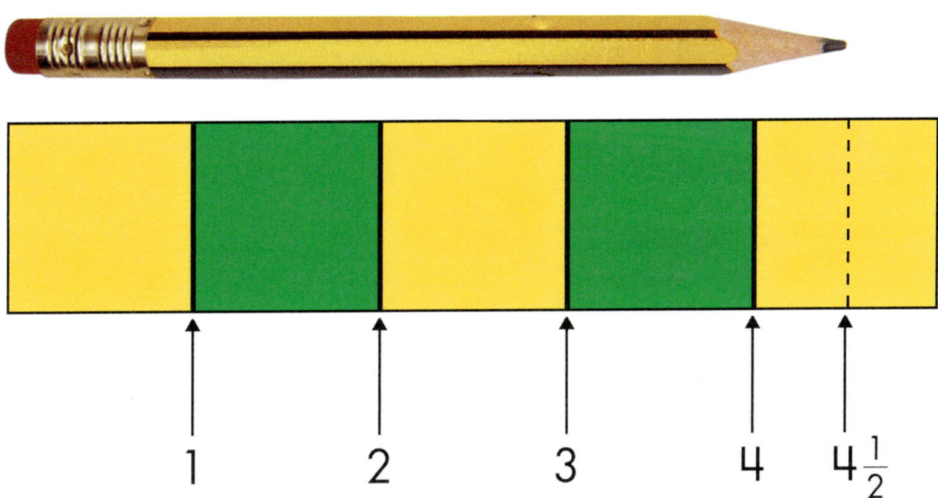

El lápiz tiene $4\frac{1}{2}$ unidades de largo.

¿Cuánto mide el lápiz?

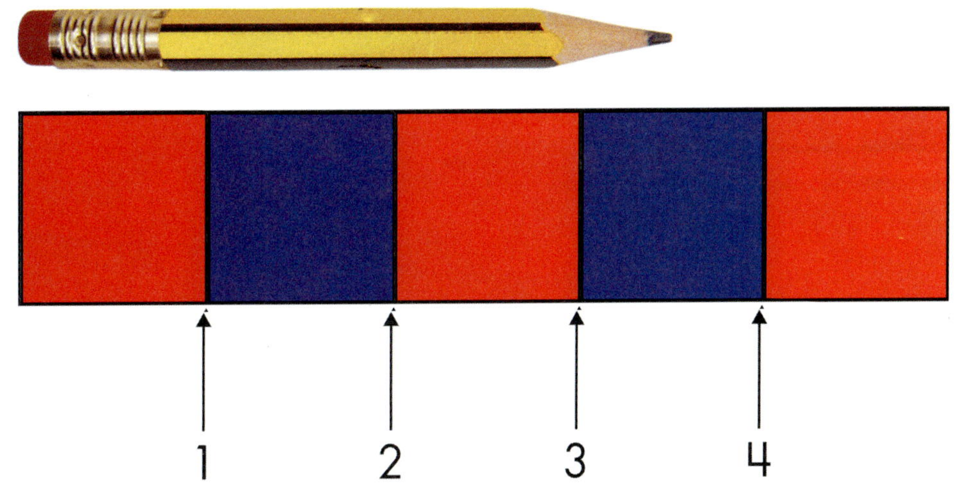

Por lo menos

Palabras de matemáticas
- **por lo menos**

Por lo menos significa "tan largo como" o "más largo que". Por ejemplo, si necesitas un lápiz que tenga por lo menos 4 pulgadas de largo, puede tener 4, 5, 6 ó más pulgadas de largo.

Estos lápices tienen por lo menos 4 pulgadas de largo.

Estos lápices no tienen 4 pulgadas de largo.

Medir distancias

Palabras de matemáticas
- **distancia**

Distancia es la longitud que hay entre un lugar y otro.

Observa dónde estás sentado y dónde está la puerta más cercana. Entre tú y la puerta hay una distancia. Piensa en tu casa y tu escuela. Ésa es la distancia que recorres todos los días.

¿Cómo recorres una distancia corta?
¿Alguna vez fuiste muy lejos de tu casa?
¿Cómo viajaste?

Medir la distancia es importante para hallar lo lejos o lo cerca que están las cosas.

¿A qué distancia?

Rosa se preguntó qué distancia podían saltar sus mascotas. Entonces midió la distancia que podía saltar cada una. Marcó dónde empezaban y dónde caían. Luego uso palillos de manualidades para medir.

Su rana saltó 10 palillos de manualidades.

Su conejo saltó 8 palillos de manualidades.

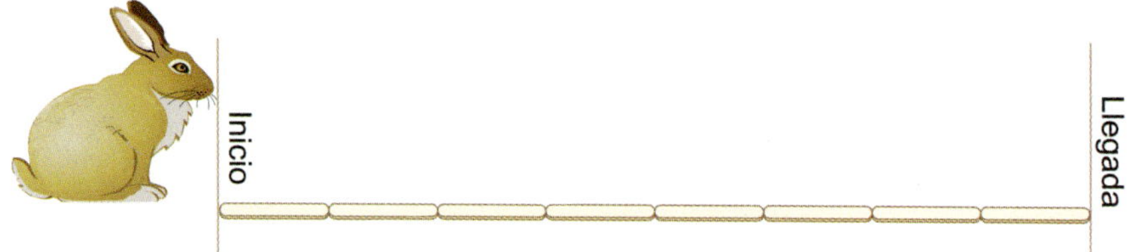

Su saltamontes saltó $6\frac{1}{2}$ palillos de manualidades.

Su ratoncito saltó 5 palillos de manualidades.

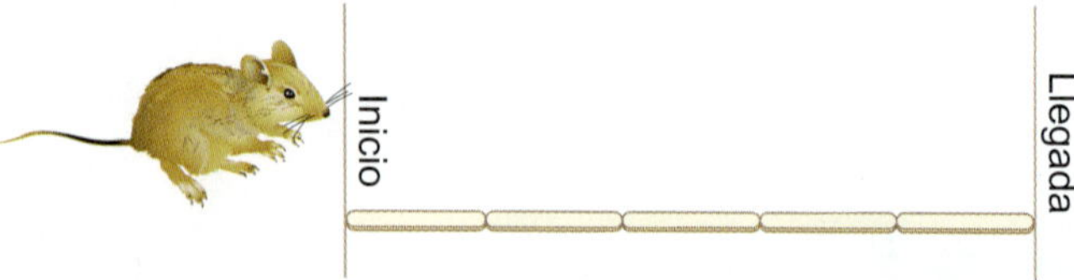

¿Quién saltó más lejos, la rana o el conejo?

Comparar medidas: ¿Cuánto más lejos?

Ahora que Rosa sabe qué distancia saltan sus mascotas, puede comparar los saltos.

Esta distancia muestra cuánto más lejos saltó la rana.

La rana saltó 2 palillos de manualidades más que el conejo.

¿Cuánto más lejos que el ratoncito saltó la rana?
¿Cuánto más lejos que el ratoncito saltó el saltamontes?

Listas ordenadas

Rosa organizó los saltos en una lista ordenada del más largo al más corto.

El salto que está en la parte de arriba de la lista es la distancia más larga, o la que más lejos se recorrió.

El salto que está en la parte de abajo de la lista es la distancia más corta.

Saltos de animales

Más largo	Rana	10 palillos de manualidades
Siguiente	Conejo	8 palillos de manualidades
Siguiente	Saltamontes	$6\frac{1}{2}$ palillos de manualidades
Más corto	Ratoncito	5 palillos de manualidades

Comparar medidas: ¿Cuánto más largo?

Para comparar las longitudes de estos dos peces, alínea un extremo de un pez con un extremo del otro pez. Luego mide cuánto más largo es un pez que el otro.

Esta distancia muestra cuánto más largo que el pez B es el pez A.

El pez A es 6 cuadrados más largo que el pez B.

Tabla de juegos

	Usar en Unidad	Página
Reunir 20 entre dos	1	**J1**
Comparar	1	**J2**
Comparar puntos	1	**J3**
Fichas en un vaso	3	**J4**
Suma de puntos	3	**J5**
Doble comparación	1	**J6**
Doble comparación de puntos	1	**J7**
Llenar los hexágonos	2	**J8**
Cinco en fila	1	**J9**
Cinco en fila: resta	3	**J10**
Cinco en fila con tres tarjetas	6	**J11**
Adivina mi regla	4	**J12**
Cara o cruz	1	**J13**
¿Cuántos tengo escondidos?	1	**J14**
Formar 10	6	**J15**
Hacer un tren	7	**J16**
Números que faltan	3	**J18**
Lanzar y anotar	1	**J19**
Lanzar y anotar: resta	3	**J20**
Lanzar diez	8	**J21**
Diez más algo	8	**J22**
Diez que se van	6	**J23**
Diez turnos	8	**J24**
Tres torres de 10	6	**J25**

Reunir 20 entre dos

Necesitas

- dado
- fichas

Juega en pareja. Trabajen juntos.

1. El jugador 1 lanza el dado y toma esa cantidad de fichas.
2. El jugador 2 lanza el dado y tomas esa cantidad de fichas.
3. Después de cada turno, cuenten cuántas fichas tienen.
4. Sigan jugando. Los jugadores trabajan juntos para reunir 20 fichas.
5. El juego termina cuando tengan 20 fichas entre los dos.

Otras formas de jugar

- Jugar con 2 dados
- Jugar con 1 dado y 1 cubo numérico 1
- Jugar a *Reunir 25 entre dos* o *Reunir 30 entre dos*
- Intentar reunir *exactamente* 20 fichas

Comparar

Necesitas

- baraja de tarjetas de números básicos (sin comodines)

Juega en pareja.

1. Repartan las tarjetas boca abajo.
2. Ambos jugadores dan vuelta la tarjeta de arriba.
3. El jugador que tiene el número más grande dice "¡Yo!" y toma las tarjetas. Si las tarjetas son iguales, los dos jugadores dan vuelta otra tarjeta.
4. Sigan dando vuelta las tarjetas. Cada vez que lo hacen, el jugador que tiene el número más grande dice "¡Yo!" y toma las tarjetas.
5. El juego termina cuando no queden más tarjetas.

Otras formas de jugar

- El jugador que tiene el número más **pequeño** dice "¡Yo!"
- Jugar entre 3 jugadores
- Jugar con comodines. El comodín puede ser cualquier número.

Comparar puntos

Necesitas

- tarjetas de puntos 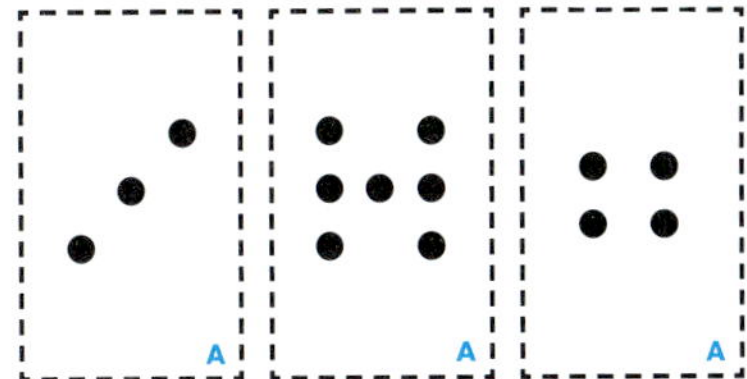

Juega en pareja.

1. Repartan las tarjetas boca abajo.
2. Ambos jugadores dan vuelta la tarjeta de arriba.
3. El jugador que tiene más puntos dice "¡Yo!" y toma las tarjetas. Si las tarjetas son iguales, los dos jugadores dan vuelta otra tarjeta.
4. Sigan dando vuelta las tarjetas. Cada vez que lo hacen, el jugador que tiene más puntos dice "¡Yo!" y toma las tarjetas.
5. El juego termina cuando no queden más tarjetas.

Otras formas de jugar

- El jugador que tiene **menos** puntos dice "¡Yo!"
- Jugar entre 3 jugadores

Fichas en un vaso

Necesitas

- entre 8 y 12 fichas 
- vaso 
- hoja de anotaciones

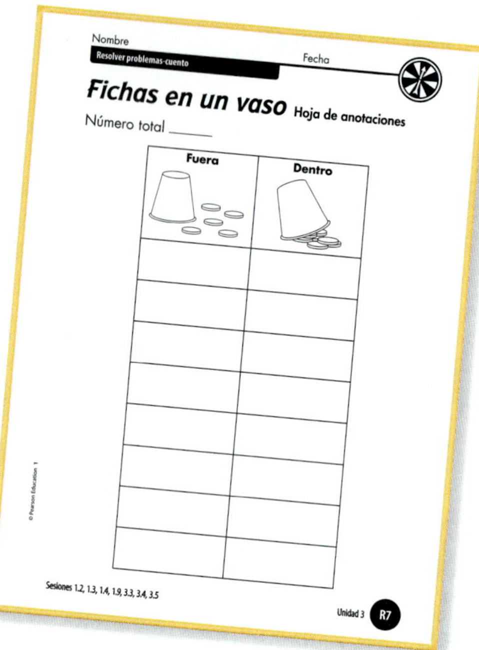

Nombre

Resolver problemas-cuento

Fecha

Fichas en un vaso Hoja de anotaciones

Número total ____

Fuera	Dentro

© Pearson Education 1

Sesiones 1.2, 1.3, 1.4, 1.9, 3.3, 3.4, 3.5

Unidad 3 R7

Juega en pareja.

1. Decidan con cuántas fichas van a jugar. Ambos jugadores escriben ese número en sus hojas de anotaciones.
2. Cuenten esa cantidad de fichas.
3. El jugador 1 esconde algunas fichas debajo del vaso.
4. El jugador 2 dice cuántas fichas hay escondidas.
5. El jugador 1 saca el vaso.
6. Ambos jugadores cuentan las fichas que había debajo del vaso y anotan ese número.
7. Sigan jugando con el mismo grupo de fichas. Túrnense para ser el jugador 1 y el jugador 2.
8. El juego termina cuando la cuadrícula esté completa.

Suma de puntos

Necesitas

- baraja de tarjetas de Suma de puntos

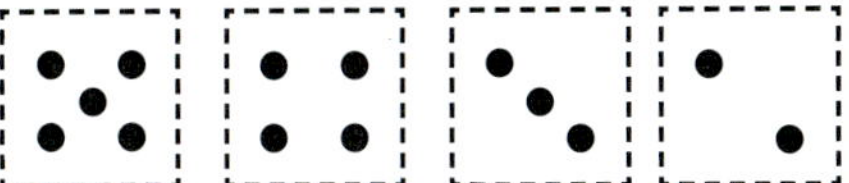

- 3 tableros (uno por jugador y uno para jugar)

Nombre Fecha

Resolver problemas-cuento

Suma de puntos Tablero A

6
8
10
12

R10 Unidad 3

Sesiones 1.5, 1.6, 1.7

© Pearson Education 1

Juega en pareja.

1. Repartan 4 filas de 5 tarjetas, con los puntos hacia arriba.
2. El jugador 1 busca tarjetas que combinen para formar uno de los números del tablero.
3. Ambos jugadores anotan la combinación.
4. El jugador 2 busca tarjetas que combinen para formar otro de los números del tablero.
5. Ambos jugadores anotan la combinación.
6. El juego termina cuando el tablero esté completo.

Otras formas de jugar

- Jugar con tableros diferentes
- Usar cada tarjeta una sola vez
- Jugar otra vez con el mismo tablero. Trata de hallar una manera diferente para formar cada número.

Doble comparación

Necesitas

- baraja de tarjetas de números básicos (sin comodines)

Juega en pareja.

1. Repartan las tarjetas boca abajo.
2. Ambos jugadores dan vuelta las dos tarjetas de arriba.
3. El jugador que tiene el total más grande dice "¡Yo!" y toma las tarjetas. Si los totales son iguales, los dos jugadores dan vuelta dos tarjetas más.
4. Sigan dando vuelta las tarjetas. Cada vez que lo hacen, el jugador que tiene el total más grande dice "¡Yo!" y toma las tarjetas.
5. El juego termina cuando no queden más tarjetas.

Otras formas de jugar

- El jugador que tiene el número más **pequeño** dice "¡Yo!"
- Jugar entre 3 jugadores
- Jugar con comodines. El comodín puede ser cualquier número.

Doble comparación de puntos

Necesitas

- tarjetas de puntos

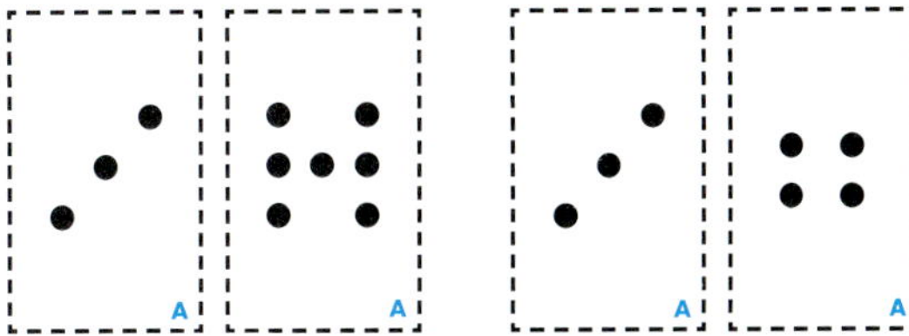

Juega en pareja.

1. Repartan las tarjetas boca abajo.
2. Ambos jugadores dan vuelta las dos tarjetas de arriba.
3. El jugador que tiene el total de puntos más grande dice "¡Yo!" y toma las tarjetas. Si ambos pares de tarjetas tienen el mismo número de puntos, los dos jugadores dan vuelta dos tarjetas más.
4. Sigan dando vuelta las tarjetas. Cada vez que lo hacen, el jugador que tiene el número más grande de puntos dice "¡Yo!" y toma las tarjetas.
5. El juego termina cuando no queden más tarjetas en la baraja.

Otras formas de jugar

- El jugador que tiene tarjetas con **menos** puntos, dice "¡Yo!"
- Jugar entre 3 jugadores

Llenar los hexágonos

Necesitas

- bloques de patrón
- 2 cubos de patrones de bloques
- tablero (1 por jugador)

Nombre
Hacer figuras y diseñar colchas
Fecha

Llenar los hexágonos Tablero

© Pearson Education 1

Sesiones 1.2, 1.3, 1.4

Unidad 2 R19

Juega en pareja. Trabajen juntos.

1. El jugador 1 lanza los cubos de patrones de bloques.

2. El jugador 1 coloca esos bloques de patrón en cualquier lugar del tablero. Una vez que los bloques se colocan en el tablero no se pueden mover.
3. El jugador 2 lanza los cubos de patrones de bloques.
4. El jugador 2 coloca esos bloques de patrón en cualquier lugar del tablero.
5. Los jugadores 1 y 2 siguen jugando, repitiendo los pasos 1 a 4.
6. El juego termina cuando un jugador haya cubierto todos los hexágonos de su tablero con bloques.

Cinco en fila

Necesitas

- 2 dados 
- 20 fichas 
- tablero

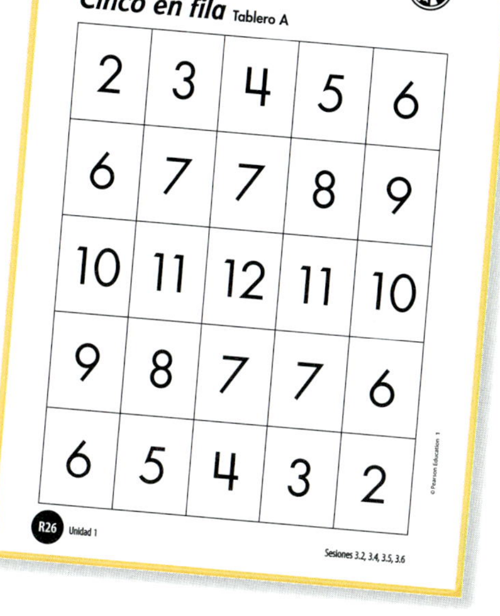

Nombre

¿Cuántos hay de cada uno?

Fecha

Cinco en fila Tablero A

2	3	4	5	6
6	7	7	8	9
10	11	12	11	10
9	8	7	7	6
6	5	4	3	2

R26 Unidad 1

Sesiones 3.2, 3.4, 3.5, 3.6

© Pearson Education 1

Juega en pareja. Trabajen juntos.

1. El jugador 1 lanza dos dados. 
2. El jugador 1 suma .
3. El jugador 1 cubre esa suma en el tablero. 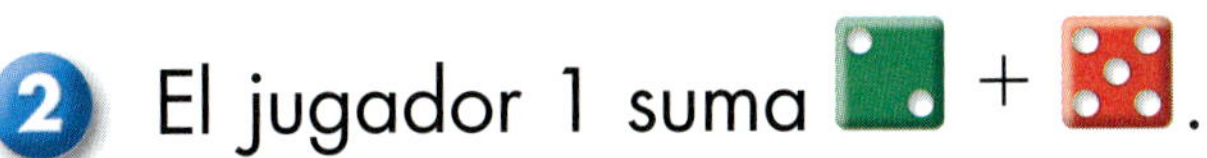
4. El jugador 2 toma su turno, siguiendo los pasos 1 a 3.
5. Si la suma ya está cubierta, lanza de nuevo.
6. El juego termina cuando todos los números de una fila estén cubiertos. Los números pueden estar horizontal, vertical o de una esquina a otra.

Otras formas de jugar

- Jugar con tableros diferentes
- Jugar con 1 dado y 1 cubo numérico 
- Jugar con 2 cubos numéricos  

Cinco en fila: resta

Nombre

Resolver problemas-cuento

Fecha

Cinco en fila: resta Tablero

6	8	4	10	6
4	7	2	3	5
8	1	7	5	9
3	6	6	11	4
5	9	7	10	8

R30 Unidad 3

Sesiones 2.1, 2.3, 3.3, 3.4, 3.5

© Pearson Education 1

Necesitas

- cubo numérico de 7 a 12
- dado
- 20 fichas
- tablero

Juega en pareja. Trabajen juntos.

1. El jugador 1 tira dos cubos.
2. El jugador 1 resta el número más pequeño del número más grande.
3. El jugador 1 cubre ese número en el tablero.
4. El jugador 2 toma su turno, siguiendo los pasos 1 a 3.
5. Si el número ya está cubierto, lanza de nuevo.
6. El juego termina cuando todos los números de una fila estén cubiertos. Los números pueden estar horizontal, vertical o de una esquina a otra.

Cinco en fila con tres tarjetas

Necesitas

- baraja de tarjetas de números básicos (sin comodines)
- 20 fichas
- tablero

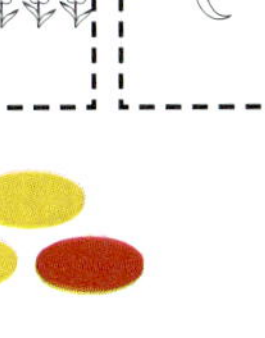

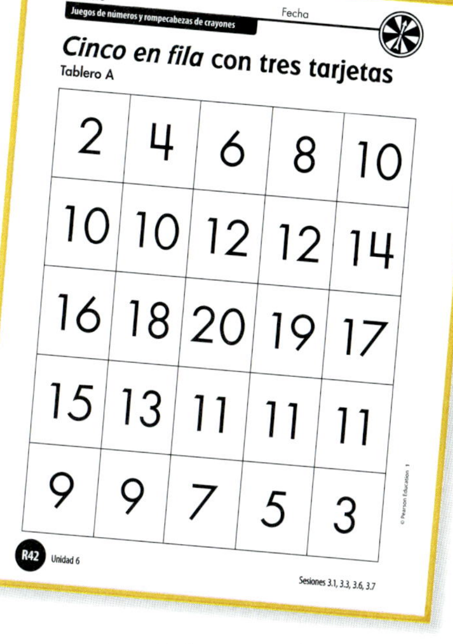

Nombre Fecha

Juegos de números y rompecabezas de crayones

Cinco en fila con tres tarjetas

Tablero A

2	4	6	8	10
10	10	12	12	14
16	18	20	19	17
15	13	11	11	11
9	9	7	5	3

R42 Unidad 6

Sesiones 3.1, 3.3, 3.6, 3.7

© Pearson Education 1

Juega en pareja. Trabajen juntos.

1. Den vuelta las 3 tarjetas de arriba.
2. El jugador 1 elige una suma para cubrir en el tablero. Elige cualquier suma que puedas formar con 2 de los números.
   $3 + 7 = (10)$ $7 + 1 = (8)$ $3 + 1 = (4)$
3. Den vuelta 3 tarjetas más.
4. El jugador 2 elige una suma para cubrir en el tablero.
5. Sigan jugando. Si todas las sumas están cubiertas, recojan 3 tarjetas nuevas.
6. El juego termina cuando todos los números de una fila estén cubiertos. Los números pueden estar horizontal, vertical o de una esquina a otra.

Otras formas de jugar

- Jugar con tableros diferentes
- Jugar con comodines. Los comodines pueden ser cualquier número.
- Dar vuelta 5 tarjetas por turno. Elige cualquier suma que puedas formar con 2 de los números.

Adivina mi regla

Necesitas

- entre 20 y 25 botones
- tableros

Juega en grupo de 2 a 4 jugadores.

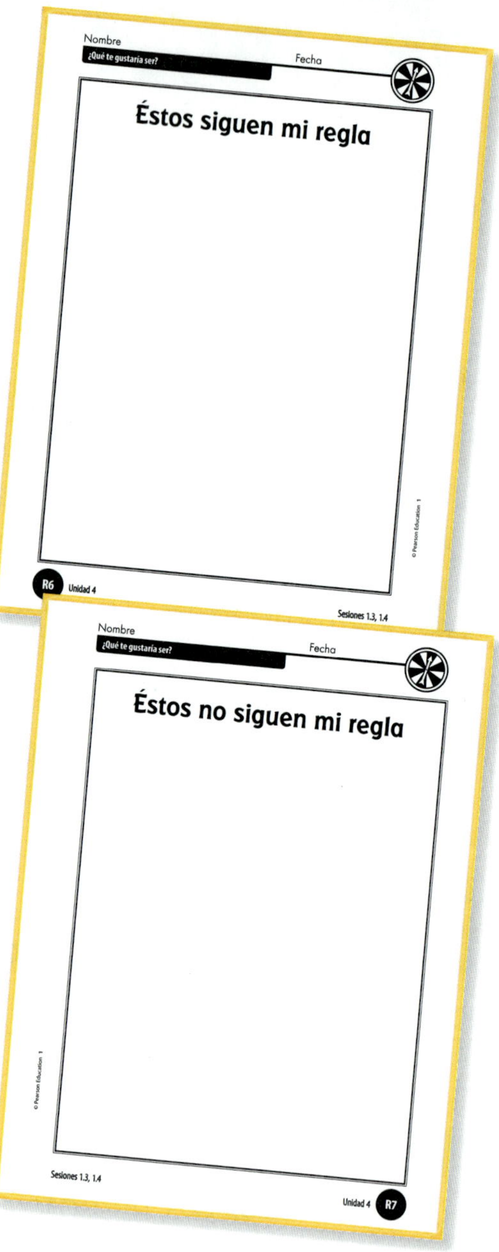

1. El jugador 1 elige una regla que corresponda a algunos de los botones y la escribe en una hoja de papel.
2. El jugador 1 pone dos botones que sigan la regla en la hoja de "Éstos siguen mi regla" y dos botones que no sigan la regla en la hoja de "Éstos no siguen mi regla".
3. El jugador 2 pone un botón donde piensa que corresponde.
4. Los jugadores se turnan para poner los botones.
5. Después que cada jugador haya puesto 3 botones, los jugadores pueden tratar de adivinar la regla en el siguiente turno.
6. El juego termina cuando hayan adivinado la regla correctamente.
7. Jueguen otra vez. Otro jugador elige la regla.

Cara o cruz

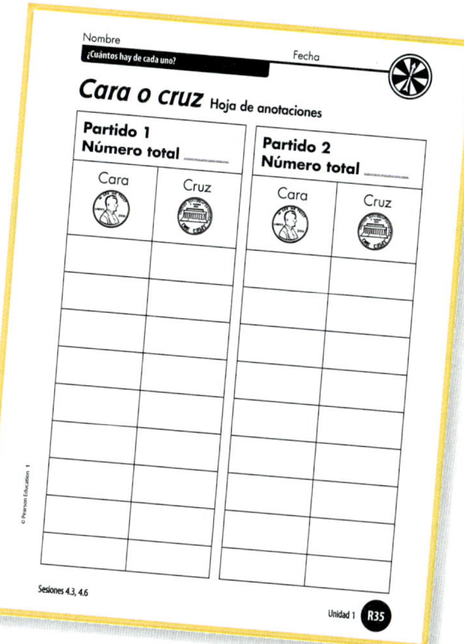
Nombre
¿Cuántos hay de cada uno?
Fecha

Cara o cruz Hoja de anotaciones

Partido 1 Número total		Partido 2 Número total	
Cara	Cruz	Cara	Cruz

Sesiones 4.3, 4.6
Unidad 1 R35

Necesitas

- entre 8 y 12 monedas de 1¢ 
- hoja de anotaciones

Juega solo.

1. Decide con cuántas monedas de 1¢ vas a jugar. Anota ese número en la hoja de anotaciones.
2. Lanza las monedas de 1¢.
3. Cuenta cuántas monedas son cara  y cuántas son cruz .
4. Anota los dos números en la hoja de anotaciones.
5. Sigue lanzando las monedas y anota cómo caen.
6. El juego termina cuando la cuadrícula esté completa.

¿Cuántos tengo escondidos?

Nombre

¿Cuántos hay de cada uno?

Fecha

¿Cuántos tengo escondidos?

Hoja de anotaciones

Número total ______

No están escondidos	Escondidos

© Pearson Education 1

Sesiones 4.4, 4.6

Unidad 1 R37

Necesitas

- entre 8 y 12 cubos conectables
- hoja de anotaciones

Juega en pareja.

1. Decidan con cuántos cubos van a jugar. Ambos jugadores escriben ese número en su hoja de anotaciones.
2. Hagan una torre con esa cantidad de cubos.
3. El jugador 1 esconde algunos cubos.
4. El jugador 2 dice cuántos cubos están escondidos.
5. El jugador 1 muestra los cubos escondidos.
6. Ambos jugadores cuentan cuántos cubos estaban escondidos y luego anotan ese número en su hoja de anotaciones.
7. Sigan jugando con la misma torre. Túrnense para ser el jugador 1 y el jugador 2.
8. El juego termina cuando la cuadrícula esté completa.

Otras formas de jugar

- Jugar con 5 cubos de un color y 5 cubos de otro color

Formar 10

Necesitas

- baraja de tarjetas de números básicos (sin comodines)
- hoja en blanco

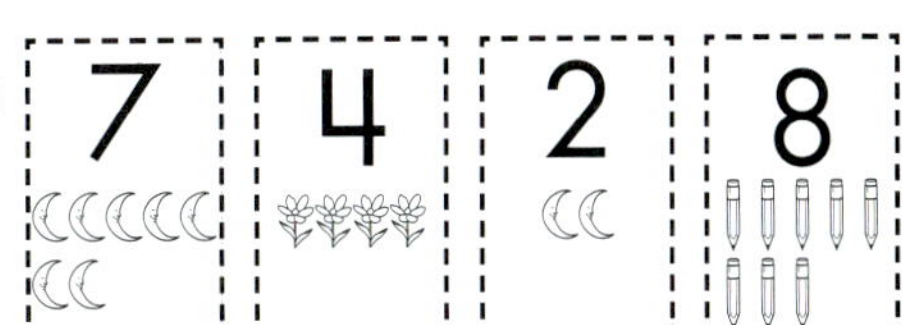

Juega en pareja.

1. Repartan 4 filas de 5 tarjetas, de manera que se vean los números.
2. El jugador 1 busca dos tarjetas que formen 10. El jugador 1 toma las tarjetas y anota la combinación de 10.
3. Reemplacen las tarjetas que faltan con 2 tarjetas de la baraja.
4. El jugador 2 busca dos tarjetas que formen 10. El jugador 2 toma las tarjetas y anota la combinación de 10.
5. Reemplacen las tarjetas que faltan.
6. Sigan turnándose para buscar dos tarjetas que formen 10 y anotar las combinaciones.
7. El juego termina cuando no haya más tarjetas o cuando no haya más tarjetas que formen 10.

Otras formas de jugar

- Jugar con comodines. Un comodín puede ser cualquier número.
- Reemplazar las tarjetas *solamente* cuando no haya más pares que formen 10
- Buscar más de 2 tarjetas que formen 10

Hacer un tren (página 1 de 2)

Necesitas

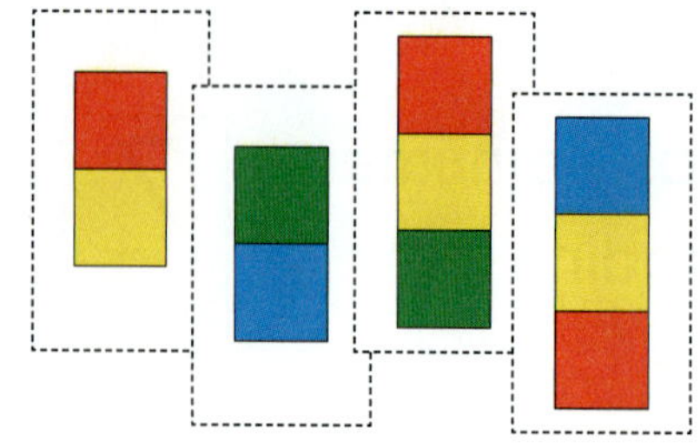

- tarjetas de *Hacer un tren*
- cubo de color

- cubos conectables
- una bolsa
- hoja de papel (o un plato de cartón o una caja) para que sea el "depósito"

Juega en pareja.

1. Cada jugador saca una tarjeta de *Hacer un tren* de la bolsa. Los jugadores usan cubos conectables para hacer lo que hay en la tarjeta.

   Si el jugador 1 saca una tarjeta de *Hacer un tren* con rojo y amarillo, hace un vagón con un cubo rojo y un cubo amarillo.

   Si el jugador 2 saca una tarjeta de *Hacer un tren* con rojo, verde y amarillo, hace un vagón rojo, verde y amarillo con cubos de esos colores.

Hacer un tren (página 2 de 2)

2. El jugador 1 lanza el cubo de color.

   Si el color que sale coincide con el color de cualquiera de los dos trenes, el jugador 1 toma un cubo de ese color y lo pone en el "depósito" (hoja de papel, plato de cartón o caja). El depósito es el lugar donde se guardan los cubos hasta que se puedan usar en un vagón.

   Si sale una estrella, el jugador puede tomar cualquier color.

   Si el color que sale no está en ninguno de los dos trenes, el mismo jugador lanza de nuevo.

3. El jugador 2 lanza el cubo de color. Si algún tren tiene ese color el jugador 2 pone un cubo de ese color en el depósito. Los jugadores comprueban si con los cubos del depósito se puede hacer un vagón completo para cualquier tren.

4. Los jugadores siguen turnándose y trabajando juntos para que ambos trenes tengan 12 cubos de largo.

5. El juego termina cuando haya dos trenes que tengan 12 cubos de largo.

Números que faltan

Necesitas

- tabla de 100

1	2	3	4	5	6	7	8	9	10
11	12	13	14	15	16	17	18	19	20
21	22	23	24	25	26	27	28	29	30
31	32	33	34	35	36	37	38	39	40
41	42	43	44	45	46	47	48	49	50
51	52	53	54	55	56	57	58	59	60
61	62	63	64	65	66	67	68	69	70
71	72	73	74	75	76	77	78	79	80
81	82	83	84	85	86	87	88	89	90
91	92	93	94	95	96	97	98	99	100

- 10 monedas de 1¢

- hoja de anotaciones

Nombre
Resolver problemas-cuento
Fecha

Números que faltan Hoja de anotaciones

Vuelta 1: Creo que faltan estos números.

Vuelta 2: Creo que faltan estos números.

Vuelta 3: Creo que faltan estos números.

Vuelta 4: Creo que faltan estos números.

R42 Unidad 3

Sesiones 4.6, 4.7

© Pearson Education 1

Juega en pareja.

1. El jugador 1 cubre cinco números en la tabla de 100 con monedas de 1¢.
2. El jugador 2 adivina qué números faltan.
3. Ambos jugadores anotan los números que faltan en su hoja de anotaciones.
4. Quiten las 10 monedas de 1¢. Comprueben su trabajo.
5. Túrnense para esconder los números.
6. El juego termina cuando la hoja de anotaciones esté completa.

Otras formas de jugar

- Cubrir 10 números más

Lanzar y anotar

Nombre

¿Cuántos hay de cada uno?

Fecha

Lanzar y anotar Hoja de anotaciones

2	3	4	5	6	7	8	9	10	11	12

R28 Unidad 1

Sesiones 3.4, 3.5, 3.6

Necesitas

- 2 dados
- hoja de anotaciones

Juega solo.

1. Lanza 2 dados.
2. Suma los números. 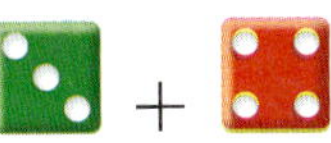
3. Escribe la suma en la hoja de anotaciones.
4. El juego termina cuando una columna esté completa.

Otras formas de jugar

- Jugar con 1 dado y 1 cubo numérico  
- Jugar con 2 cubos numéricos 5 4

Lanzar y anotar: resta

Nombre
Resolver problemas-cuento
Fecha

Lanzar y anotar: resta
Hoja de anotaciones

1	2	3	4	5	6	7	8	9	10	11

R28 Unidad 3
Sesiones 2.1, 2.3, 3.3, 3.4, 3.5
© Pearson Education 1

Necesitas

- cubo numérico de 7 a 12
- dado 
- hoja de anotaciones

Juega solo.

1. Lanza los 2 dados. 
2. Resta el número más pequeño del número más grande. 
3. Anota la respuesta en la hoja de anotaciones.
4. El juego termina cuando una columna esté completa.

Lanzar diez

Necesitas

- cubo numérico
- dado
- 30 cubos conectables
- tablero de 30

Juega en pareja. Trabajen juntos.

1. El jugador 1 lanza el dado y el cubo numérico.
2. El jugador 1 suma 3 y 5, y pone esa cantidad de cubos conectables en una fila del tablero. En una fila sólo puede haber 10 cubos. Si sobran cubos, empieza una fila nueva.
3. El jugador 2 lanza el dado y el cubo numérico.
4. El jugador 2 suma 1 y 6, y pone esa cantidad de cubos conectables en una fila del tablero.
5. El juego termina cuando el tablero esté lleno.

Otras formas de jugar

- Jugar sobre el tablero de 50. Usar 50 cubos conectables
- Jugar sobre el tablero de 100. Usar 100 cubos conectables

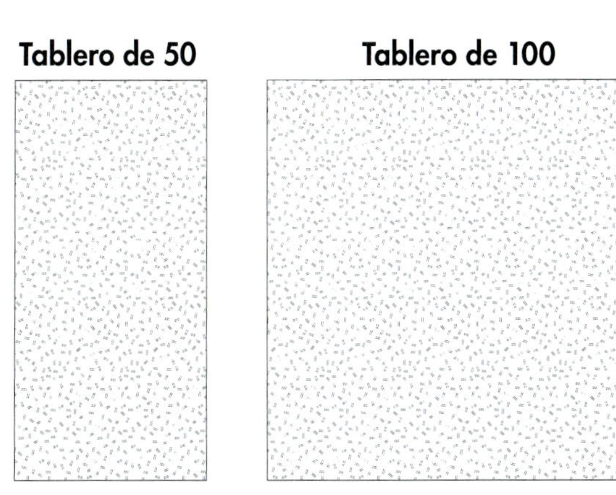

Diez más algo

Necesitas

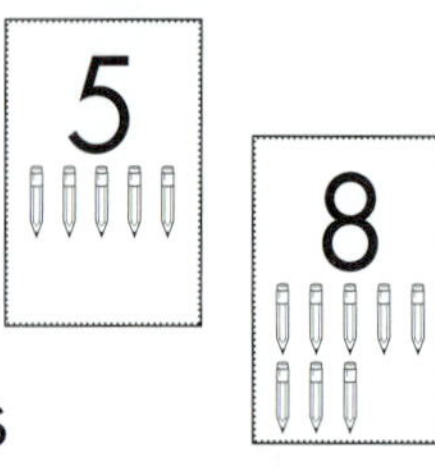

- baraja de tarjetas de números básicos
- 20 cubos 
- hoja de anotaciones

Juega en pareja.

1. Den vuelta las dos tarjetas de arriba.
2. Hagan una expresión equivalente, usando los dos números de las tarjetas y 10.

   $5 + 8 = 10 + \square$

3. Ambos jugadores anotan 5 + 8 en la columna correcta en la hoja de anotaciones.
4. Den vuelta las 2 tarjetas siguientes y repitan los pasos 2 a 3.
5. El juego termina cuando se complete una columna de la hoja de anotaciones.

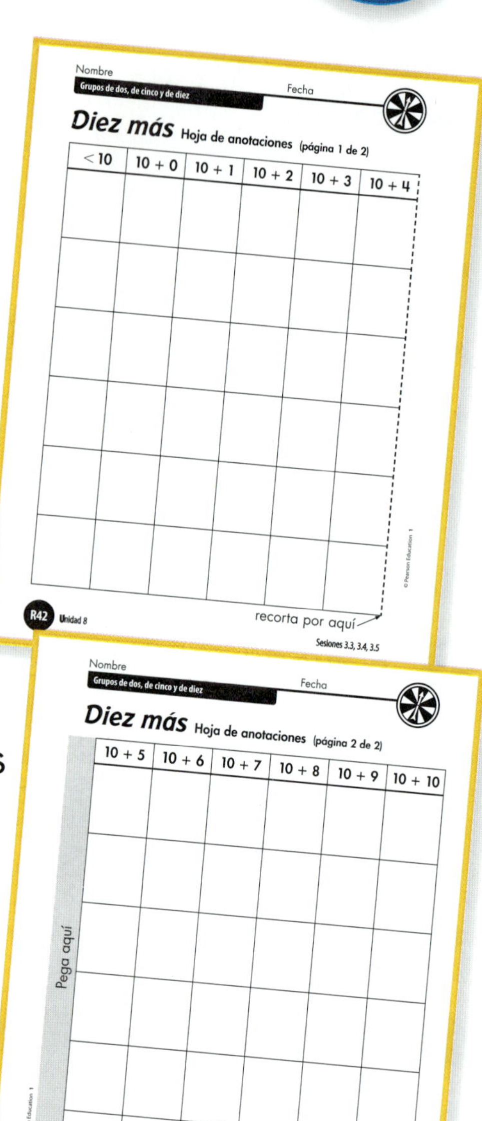

Nombre
Grupos de dos, de cinco y de diez
Fecha

Diez más Hoja de anotaciones (página 1 de 2)

< 10	10 + 0	10 + 1	10 + 2	10 + 3	10 + 4

recorta por aquí

© Pearson Education 1

R42 Unidad 8

Sesiones 3.3, 3.4, 3.5

Nombre
Grupos de dos, de cinco y de diez
Fecha

Diez más Hoja de anotaciones (página 2 de 2)

Pega aquí

10 + 5	10 + 6	10 + 7	10 + 8	10 + 9	10 + 10

alinea aquí

© Pearson Education 1

Sesiones 3.3, 3.4, 3.5

Unidad 8 R43

Diez que se van

Necesitas

- baraja de tarjetas de números básicos (sin comodines)
- hoja de papel

Juega en pareja.

1. Cada jugador recibe 5 tarjetas de la baraja de tarjetas de números básicos.
2. Cada jugador busca pares que formen 10 entre sus tarjetas. Los jugadores separan los pares de tarjetas que forman 10, los ponen en la mesa y luego sacan tarjetas nuevas de la baraja de tarjetas de números básicos para reemplazarlas.
3. Los jugadores se turnan para pedirse uno al otro una tarjeta que forme 10 con una de las tarjetas que ya tienen en la mano.

   Si un jugador consigue la tarjeta, éste separa el par, lo pone en la mesa y saca una tarjeta nueva de la baraja.

   Si un jugador no consigue la tarjeta, "Se va" y saca una tarjeta nueva de la baraja.

   Si la nueva tarjeta forma 10 con una de las tarjetas del jugador, éste separa el par, lo pone en la mesa y toma otra tarjeta.

   Si un jugador se queda sin tarjetas, saca dos tarjetas nuevas.

   El turno de un jugador termina cuando no tenga más pares que formen 10.
4. El juego termina cuando no haya más tarjetas.
5. Al terminar el juego, los jugadores anotan sus combinaciones de 10.

Diez turnos

Necesitas

- cubo numérico
- 60 fichas

- hoja de anotaciones de *Diez turnos* (1 por jugador)

Nombre

Fecha

Grupos de dos, de cinco y de diez

Diez turnos Hoja de anotaciones

Diez turnos

Turno 1 Sacamos ____. Ahora tenemos ____.

Turno 2 Sacamos ____. Ahora tenemos ____.

Turno 3 Sacamos ____. Ahora tenemos ____.

Turno 4 Sacamos ____. Ahora tenemos ____.

Turno 5 Sacamos ____. Ahora tenemos ____.

Turno 6 Sacamos ____. Ahora tenemos ____.

Turno 7 Sacamos ____. Ahora tenemos ____.

Turno 8 Sacamos ____. Ahora tenemos ____.

Turno 9 Sacamos ____. Ahora tenemos ____.

Turno 10 Sacamos ____. Ahora tenemos ____.

Sesiones 1.1, 1.2, 1.3, 1.4

Unidad 8 R1

Juega en pareja. Trabajen juntos.

1. El jugador 1 lanza el cubo numérico.
2. El jugador 1 forma un grupo de fichas igual al número que salió al lanzar el cubo.
3. Ambos jugadores anotan el número de fichas del grupo.
4. El jugador 2 lanza el cubo numérico.
5. El jugador 2 suma ese número de fichas al grupo.
6. Ambos jugadores anotan el nuevo número de fichas del grupo.
7. Los jugadores repiten los pasos 1 a 6.
8. El juego termina después de 10 turnos.

Tres torres de 10

Necesitas

- dado
- 30 cubos conectables por jugador, de 2 colores
- crayones de 2 colores
- hoja de anotaciones

Juega en pareja. Trabajen juntos.

1. Cada jugador elige un color de cubos.
2. El jugador 1 lanza el dado y hace una torre con la cantidad de cubos que sacó en el dado.
3. El jugador 2 lanza y toma esa cantidad de cubos.
4. El jugador 2 agrega los cubos en la torre. Una torre puede tener sólo 10 cubos. Con los cubos extra empiecen una torre nueva.
5. El juego termina cuando haya 3 torres de 10 cubos.
6. Ambos jugadores anotan. Muestren cuántos cubos de cada color hay en cada torre. Escriban una ecuación para cada torre.

Otras formas de jugar

- Hacer 5 torres de 10
- Hacer 3 torres de 15
- Jugar con 2 dados
- Jugar con 1 dado y 1 cubo numérico
- Jugar con 2 cubos numéricos

Ilustraciones

12, 17, 24, 62, 89, 107 Jeff Grunewald
39, 53–57, 104 Thomas Gagliano

Fotografías

Every effort has been made to secure permission and provide appropriate credit for photographic material. The publisher deeply regrets any omission and pledges to correct errors called to its attention in subsequent editions.

Unless otherwise acknowledged, all photographs are the property of Scott Foresman, a division of Pearson Education.

Photo locators denoted as follows: Top (T), Center (C), Bottom (B), Left (L), Right (R), Background (Bkgd)

Cubierta ©Steve Allen/Alamy Images; **21** Getty Images; **34** Getty Images; **56** Getty Images; **57** Stockdisc; **59** (BR) Jupiter Images, (BL) ©Stockbyte; **70** Roy Ooms/Masterfile Corporation; **83** (BR) Getty Images, (CL,C) ©AbleStock/Index Open, (BC) NASA, (TC) Goodshoot/Jupiter Images; **95** © Stockbyte; **99** Stockdisc